... Títulos relacionados

ADGG0308 ASISTENCIA DOCUMENTAL Y DE GESTIÓN EN DESPACHOS Y OFICINAS

[DISPONIBLE CERTIFICADO COMPLETO]

Solicítalos en:
- Librería
- www.paraninfo.es
- Solicitudes nacionales +34 914 463 350
- Solicitudes fuera de España +34 913 308 907, +34 913 308 919

Marco organizativo y normativo de las Administraciones públicas y de la Unión Europea

UF0522

Carlos Gil de Gómez Pérez-Aradros

Paraninfo

© 2026 Ediciones Paraninfo, S. A.

Autor: Carlos Gil de Gómez Pérez-Aradros
Maquetación: Ediciones Nobel

Impresión: Liberdigital (Casarrubuelos, Madrid)
ISBN: 978-84-283-7403-3
Depósito legal: M-4331-2026

Impreso en España

Carlos Gil de Gómez Pérez-Aradros (Logroño, 1976) es licenciado en Ciencias Políticas y de la Administración por la Universidad Autónoma de Madrid y funcionario de carrera perteneciente al Cuerpo Superior de Administradores del Principado de Asturias.

Índice

3. Actuaciones ante las Administraciones públicas 133

Introducción normativa

La Ley Orgánica 3/2022, de 31 de marzo, de ordenación e integración de la Formación Profesional, contiene una disposición derogatoria única que afecta a la regulación de los certificados de profesionalidad, ahora denominados **Certificados Profesionales**. La referida normativa deroga la Ley Orgánica 5/2002, de 19 de junio, de las Cualificaciones y de la Formación Profesional, y abre un escenario de cambios que se irán implementando progresivamente.

La Ley Orgánica 3/2022, de 31 de marzo, de ordenación e integración de la Formación Profesional implica que toda la formación es acumulable. La oferta formativa se estructura de forma escalonada, siendo los Certificados Profesionales un nivel intermedio (Grado C) de una escala que va desde el Grado A hasta el E.

En los artículos 35 a 38 de la Ley 3/2022 se describe en qué consisten estos Certificados Profesionales: su oferta, formación asociada, estructura, duración, acceso, titulación y validez. Posteriormente, esta normativa se completa con lo dispuesto en el Real Decreto 659/2023, de 18 de julio, que desarrolla la ordenación del sistema de Formación Profesional. Concretamente en los artículos 67 a 81 es donde se hace referencia a la oferta formativa de Grado C, correspondiente a los Certificados Profesionales.

Están agrupados en 26 familias profesionales con características comunes del sector. En la actualidad hay más de medio millar de Certificados Profesionales incluidos en el Repertorio Nacional. Esta cifra no deja de crecer. Además, cada certificado está específicamente regulado por un real decreto.

Un Certificado Profesional corresponde al Grado C de la oferta del Sistema de Formación Profesional. Es un documento oficial, con validez en todo el territorio nacional y debe constar en el Catálogo Nacional de Ofertas de Formación Profesional, que certifica la capacitación para el desarrollo de una actividad profesional.

Debe detallar los módulos profesionales superados y los estándares de competencia profesional asociados a él e incluidos en el **Catálogo Nacional de Estándares de Competencias Profesionales**, así como su correspondencia con el Marco Español de Cualificaciones.

Despliegan su validez en un doble ámbito, laboral y académico:

- En el contexto laboral tienen validez profesional, porque acreditan las competencias en una determinada profesión. Para poder trabajar en algunas profesiones, se exigen determinadas cualificaciones, y los certificados sirven para acreditarlas.

- Asimismo, tienen validez académica, puesto que permiten continuar un itinerario formativo siempre que se cumplan los requisitos de acceso para cursar la titulación deseada. De tal modo que, los Certificados Profesionales que sean parte de un Grado D permitirán la matrícula modular para completar los módulos establecidos en el currículo y obtener el correspondiente título de técnico básico, técnico o técnico superior con validez en todo el territorio nacional.

Para obtener un Certificado Profesional (Grado C) es preciso cumplir con los requisitos de acceso para realizar la formación.

Estructura de los Certificados Profesionales

I. Identificación: denominación, familia y área profesional a la que pertenecen; nivel de cualificación profesional (1, 2 o 3); cualificación profesional de referencia; entorno profesional y módulos formativos que esté previsto cursar junto con la duración de cada uno de ellos.

II. Perfil profesional: incluye las competencias profesionales requeridas en el mercado laboral. En todas ellas se concretan las realizaciones profesionales y los criterios de realización.

III. Formación: describe los módulos formativos que esté previsto cursar para adquirir las competencias requeridas. En cada uno de ellos se indican las capacidades que se pretende alcanzar y la duración del módulo de prácticas no laborales —PNL—, para el que cabe solicitar exención si se cumplen determinados requisitos.

IV. Prescripciones de las personas formadoras.

V. Requisitos mínimos de espacios, instalaciones y equipamiento.

Los Certificados Profesionales se identifican con una denominación concreta y un código alfanumérico propio, y sirven para acreditar una determinada cualificación profesional. Cada certificado está asociado a una relación de unidades de competencia que, a su vez, se vinculan con una serie de módulos formativos específicos. Algunos módulos están integrados por unidades formativas y tanto unos como otras son, en ocasiones, transversales, lo que significa que se trata de contenidos incluidos en más de un Certificado Profesional.

Los Certificados Profesionales se articulan en tres niveles de competencia profesional (1, 2 y 3) conforme a lo dispuesto en el que será el Catálogo Nacional de Estándares de Competencias Profesionales, anteriormente Catálogo Nacional de Cualificaciones Profesionales (CNCP), según los criterios establecidos de conocimientos, iniciativa, autonomía y complejidad de las tareas, en cada una de las ofertas de Formación Profesional.

La oferta formativa dirigida a la obtención de los Certificados Profesionales tiene carácter modular para favorecer la acreditación parcial acumulable de la formación recibida y posibilitar así el avance en el itinerario de Formación Profesional para cualquiera que sea la situación laboral de cada persona en cada momento.

En definitiva, el Grado C constituye la oferta, parcial y acumulable, del sistema de Formación Profesional, de varios módulos profesionales del catálogo modular de Formación Profesional por razón de su significado en el mercado laboral y conducente a la obtención de un Certificado Profesional.

Las ofertas de Grado C de Formación Profesional tendrán por objeto módulos profesionales incluidos previamente en el catálogo modular de formación profesional y asociados al Catálogo Nacional de Estándares de Competencias Profesionales.

Finalidad de los Certificados Profesionales

- Contribuir a la ordenación de un Sistema de Formación Profesional al servicio de un régimen de formación y acompañamiento profesionales que sea capaz de responder con flexibilidad a los intereses, expectativas y aspiraciones de cualificación profesional de las personas a lo largo de su vida.

- Combinar escuela y empresa situando a la persona en el centro del sistema.

- Facilitar el aprendizaje permanente de toda la ciudadanía mediante una formación abierta, flexible y accesible, estructurada de forma modular, a través de la oferta formativa asociada al certificado.

- Acreditar las cualificaciones profesionales o las unidades de competencia recogidas en estas, independientemente de su vía de adquisición, bien sea a través de la vía formativa, o mediante la experiencia laboral o vías no formales de formación.

- Favorecer, tanto a nivel nacional como europeo, la transparencia del mercado de trabajo.

- Contribuir a la calidad de la oferta de Formación Profesional.

Este libro

El presente libro desarrolla la Unidad Formativa denominada *Marco organizativo y normativo de las Administraciones públicas y de la Unión Europea,* UF0522.

Dicha unidad formativa está asociada a la Unidad de Competencia UC0988_3 *Preparar y presentar expedientes y documentación jurídica y empresarial ante Organismos y Administraciones públicas,* que forma parte del Módulo Formativo MF0988_3 *Gestión de documentación jurídica y empresarial.*

Según el RD 645/2011, de 9 de mayo de 2011, los contenidos que en esta obra se recogen se corresponden con una formación de 70 horas de duración.

Tanto la estructura como el desarrollo del libro se ajustan al citado Real Decreto y más concretamente a los contenidos de la Unidad Formativa UF0522 que le da título *Marco organizativo y normativo de las Administraciones públicas y de la Unión Europea.*

Contenido

1. La organización de las Administraciones públicas.
   - La Constitución española: estructura y contenidos.
   - División de poderes:
     - Poder ejecutivo.
     - Poder legislativo.
     - Poder judicial.
   - La Administración del Estado:
     - El Gobierno: composición, organización y funciones.
     - La Administración General del Estado: órganos centrales, territoriales y colegiados. Organismos públicos.
   - La Administración autonómica:
     - Competencias de las comunidades autónomas.
     - Organización autonómica.
     - Relaciones de las comunidades autónomas con el Estado.

- La Administración local:
  - Clases de entidades locales.
  - Regulación de la Administración local.
  - Competencias de las entidades locales.
- Fuentes del derecho:
  - La ley.
  - La costumbre.
  - Los principios generales del derecho.
- Identificación de las normas jurídicas y órganos de elaboración, aprobación y publicación.
- El Boletín Oficial de Estado y los Boletines autonómicos.
- Bases de datos de documentación jurídica en internet.

2. **Marco organizativo y normativo de la Unión Europea.**
   - La Unión Europea:
     - Principios.
     - Proceso de integración comunitario.
     - España en la Unión Europea.
   - Instituciones y órganos comunitarios:
     - Parlamento Europeo.
     - Consejo de la Unión Europea.
     - Comisión Europea.
     - Tribunal de Justicia de las Comunidades Europeas.
     - Tribunal de Cuentas Europeo.
     - Defensor del Pueblo Europeo.
     - Supervisor europeo de protección de datos.
   - Ordenamiento jurídico comunitario:
     - Derecho originario: características. Revisiones. Reformas.
     - Derecho institucional (derivado): reglamento. Directiva. Decisión.

- Dictamen. Recomendación.
    - Otros procedimientos de formación de normas.
    - Aplicabilidad directa. Primacía del derecho comunitario.
    - Diario Oficial de la Unión Europea.

3. **Actuación ante las Administraciones públicas.**
    - El acto administrativo:
        - Concepto.
        - Forma.
        - Elementos.
        - Clases.
        - Actos administrativos nulos y actos administrativos anulables.
        - Privilegios administrativos: presunción de validez, no suspensión, ejecución forzosa.
        - La comunicación del acto administrativo.
    - Procedimiento administrativo:
        - Características.
        - Etapas: iniciación, ordenación, instrucción y terminación.
        - La respuesta de la Administración. El silencio administrativo.
    - El recurso administrativo:
        - Derechos de los ciudadanos frente a las Administraciones públicas.
        - Concepto y cuestiones básicas de los recursos.
        - Clases de recursos.
        - Requisitos para la presentación de un recurso administrativo.
        - Escritos.
    - El proceso contencioso administrativo:
        - Actos que ponen fin a la vía administrativa.
        - Concepto y plazos.
        - Escritos.
        - Organismos que integran la jurisdicción contencioso-administrativa.

- Documentos de las fases del procedimiento administrativo y recursos:
  - Tipos.
  - Características.
  - Requisitos legales.
  - Formato.
  - Búsqueda de modelos.
  - Cumplimentación.
- La firma electrónica:
  - Proceso de obtención.
  - Características.
  - Normativa.

■ Nota del Editor

En Ediciones Paraninfo estamos comprometidos con la calidad de la formación e intentamos que nuestros materiales respondan fielmente y con rigor a las necesidades de todos cuantos confían en nuestro sello editorial.

Tratamos de dar respuesta a los currículos de las unidades formativas y de los módulos que integran los distintos Certificados Profesionales, equilibrando la parte teórica con la práctica para que los procesos de aprendizaje se conviertan en experiencias gratificantes, tanto para docentes como para las personas inmersas en los procesos formativos.

Nuestros objetivos son contribuir de forma decisiva a afianzar aprendizajes, ayudar a adquirir destrezas que tengan significado para el empleo y conseguir potenciar el desarrollo personal.

Para lograrlo contamos con excelentes autores, expertos en las materias que abordan, en la mayoría de los casos docentes de dichas especialidades con dilatada experiencia tanto profesional como académica, porque buscamos perfiles familiarizados con los contextos laborales concretos a los que se refieren nuestros manuales.

Confiamos en poder serte de ayuda y esperamos tus impresiones acerca de nuestro trabajo. Sean positivas o negativas, serán muy bien recibidas y, sin duda, nos ayudarán a seguir mejorando y trabajando con ilusión para continuar siendo un referente en formación para el empleo.

Agradecemos tu confianza en nuestros manuales. Todo nuestro equipo queda a tu total disposición. Puedes contactar con nosotros en esta dirección de correo electrónico:

info@paraninfo.es

Introducción a la obra

En este libro se desarrollan los contenidos de la unidad formativa el Marco organizativo y normativo de las Administraciones públicas y de la Unión Europea.

Está dividido en tres grandes bloques, proporcionando un completo y profundo análisis acorde a los requisitos exigidos por el ministerio.

En el primero de los bloques se aborda la organización de las Administraciones públicas. En concreto, se analiza la Constitución española, la división de poderes, los distintos niveles de Administración (estatal, autonómica y local), las fuentes del derecho, las diferentes normas que integran el Ordenamiento Jurídico, el BOE y los Boletines Oficiales autonómicos y la documentación jurídica en internet.

El segundo bloque se ocupa del marco organizativo y normativo de la UE. Analiza y profundiza sus principios, sus instituciones y órganos, su ordenamiento jurídico y su Diario Oficial.

El tercer bloque profundiza sobre las actuaciones ante las Administraciones públicas. Comenzando por el acto administrativo, continúa estudiando, de un modo sencillo y profundo a la vez, el procedimiento administrativo, los recursos, el procedimiento contencioso administrativo, los documentos que acompañan a las fases del procedimiento y los recursos administrativos, para finalizar con la firma electrónica.

Este completo y amplio manual permitirá al profesorado, al alumnado y a cualquier otra persona con un firme afán ampliar sus conocimientos y tener en su mano todo lo que necesita saber sobre los temas que se plantean en ella.

Por si fuera poco, contiene en cada uno de los bloques, de un modo muy original y práctico, un conjunto de preguntas que permitirán medir los conocimientos de alumno y de todo aquel que pretenda ampliar sus saberes en relación con las materias propuestas.

1. La organización de las Administraciones públicas

- Origen de los documentos: Agencia Estatal Boletín Oficial del Estado.

https://www.boe.es

Las condiciones generales de reutilización de los documentos alojados en la sede electrónica de la Agencia Estatal Boletín Oficial del Estado se encuentran disponibles de forma permanente en la dirección: https://www.boe.es.

- Origen de los datos: Dirección General de Modernización Administrativa, Procedimientos e Impulso de la Administración Electrónica, Ministerio de Hacienda y Administraciones públicas.

Contenido

1.1. La Constitución española: estructura y contenidos

La Constitución surge, no solo como el estatuto orgánico del poder, fijado en normas escritas, con carácter de norma superlegal, sino también dotado de un contenido político muy claro, como un instrumento jurídico dirigido a garantizar los derechos de la persona, tanto a través de la división de poderes como mediante la fijación por escrito de esos derechos. Desde un punto de vista histórico, la Constitución surge como una figura clave en el pensamiento liberal, como la expresión jurídico-política de la revolución burguesa, magníficamente resumida en el artículo 16 de la Declaración de los Derechos del Hombre y del Ciudadano: *todo Estado que no tiene Declaración de Derechos y división de poderes no tiene Constitución.*

Precisamente, el constitucionalismo español tiene su origen en este contexto liberal, si bien durante la mayor parte de nuestra historia constitucional no hubo un concepto de constitución que diera a esta el carácter de una auténtica norma jurídica, de superley que contuviera la regulación de la organización y ejercicio del poder y que garantizara los derechos de los individuos y sus grupos de manera estable. No existió tampoco la idea de supremacía constitucional.

Los orígenes del régimen constitucional en España se sitúan en las dos primeras constituciones promulgadas casi coetáneamente por los dos Gobiernos o poderes que dominaron el país, en plena guerra de la Independencia: el napoleónico con el Estatuto de Bayona de 1808, y el propiamente español con la Constitución de Cádiz de 1812.

La Constitución española de 1978, la novena de las que han tenido vigencia en la historia de nuestro constitucionalismo, aparece como punto de convergencia histórica de las tradiciones jurídicas del Estado-nación español y el compromiso de las fuerzas políticas que dan lugar a aquellas.

En el ámbito internacional, nuestro texto constitucional se sitúa dentro de las nuevas corrientes europeas que aparecen después de la Segunda Guerra Mundial, y que se caracterizan por conjugar criterios sistemáticos centrados en lo que se han denominado procesos de decisión o fenómenos que tienen un encaje de las nuevas realidades tratadas por los estudiosos del derecho constitucional y la teoría política.

La Constitución, aprobada por las Cámaras el 31 de octubre, ratificada por referéndum de 6 de diciembre y promulgada el 29 de diciembre de 1978, responde al que se ha llamado contenido mínimo de la Constitución. Al abordar la tipología de las normas materiales de la Constitución: derechos fundamentales, garantías institucionales, mandatos al legislador y principios fundamentales y fines del Estado.

Pero es cierto que la doctrina española, al abordar el contenido, lo hace estructuralmente, atendiendo al siguiente esquema:

1º. La Constitución se inicia con un Preámbulo que enumera una serie de valores y principios, luego desarrollados en el texto, y contiene una artificiosa definición del poder constituyente «la nación española, en uso de su soberanía, es el fundamento de la Constitución».

2º. El Título Preliminar contiene los principios, caracteres y valores fundamentales de la Constitución. Contiene lo que Lucas Verdú llamó «forma política», que es la expresión ideológica, jurídicamente organizada de una estructura social. En este pórtico con contenido utópico en alguno de sus aspectos, se reafirma la soberanía nacional; se garantiza el derecho a la autonomía de las nacionalidades y regiones; se definen la monarquía parlamentaria, los partidos políticos y los sindicatos y organizaciones de empresarios y la función de las Fuerzas Armadas. También figura la definición del castellano como lengua oficial del Estado, la bandera y la fijación de la capital en la villa de Madrid. Cerrando el Título, el artículo 9.º con los principios del Estado de Derecho y los matices del sentido social del Estado español.

3.º La típica parte dogmática de la Constitución comprende un largo Título Primero, dedicado a los derechos y deberes fundamentales, subdividido en cinco capítulos, que ha llevado a algunos a hablar de inflación jurídica de derechos fundamentales. El primero «De los españoles y los extranjeros». El segundo «De los derechos y libertades» con dos secciones (la 1.ª sección es relativa a los derechos fundamentales y las libertades públicas y la sección 2.ª es relativa a los derechos y deberes de los ciudadanos). El tercero «De los principios rectores de la política social y económica». El cuarto «De las garantías de las libertades y derechos fundamentales» y, por fin, el quinto «De la suspensión de los derechos y libertades».

4º. El Título II es el relativo a la Corona y consagra al rey como el jefe de Estado y asume la más alta representación del Estado español en las relaciones internacionales. Es el que inicia la que se puede llamar parte orgánica.

5º. El Título III está dedicado al poder legislativo y se divide a su vez en tres capítulos. El capítulo primero está dedicado a la regulación de las Cortes y se fija un sistema bicameral compuesto por Congreso y Senado, pero con gran preponderancia del Congreso sobre el Senado, por ello, nuestro sistema tiene un carácter bicameral atenuado. El segundo capítulo hace referencia al proceso de elaboración de las leyes y a la institución del referéndum. Finalmente, en el capítulo tercero se hace referencia a los tratados internacionales.

6°. El Título IV está dedicado al Gobierno y a la Administración, estableciendo las diferencias fundamentales entre ambos.

7°. El Título V se dedica a la relación entre el Gobierno y las Cortes, abandonando de este modo la clásica teoría de la radical división de poderes de Montesquieu. De este modo, los poderes legislativo, ejecutivo y judicial se relacionan entre sí.

8°. El Título VI se dedica al poder judicial.

9°. El Título VII se dedica a la Economía y Hacienda.

10°. El Título VIII se dedica a la organización territorial y se divide en tres capítulos. El primero hace referencia a los principios generales del Estado autonómico español que se organiza territorialmente en municipios, provincias y comunidades autónomas. El segundo se dedica a la Administración local y el tercero a la Administración autonómica.

11°. El Título IX se dedica al Tribunal Constitucional.

12°. El Título X se dedica a la reforma constitucional.

13°. Las disposiciones adicionales y transitorias están en su mayor parte dedicadas a problemas de la ordenación territorial. Solo las disposiciones transitorias octava y novena tienen verdaderamente en cuenta la transición del régimen establecido por la Ley de Reforma Política al nuevo régimen constitucional.

14°. La disposición derogatoria no solo lo hace respecto de las anteriores Leyes Fundamentales, sino que en su apartado tercero considera asimismo que «quedan derogadas cuantas disposiciones se opongan a lo establecido en la presente Constitución». Esto tiene la siguiente significación: alcanza la derogación a las leyes preconstitucionales que efectúan la regulación de aquellas materias a las que la Constitución ha querido dar aplicación inmediata y directa (derechos fundamentales y parte organizativa y habilitante de los poderes públicos) y que lo hagan de manera opuesta e incompatible. Pero toda otra posible contradicción con la legislación preconstitucional no será causa de derogación formal, sino que dará lugar al planteamiento de la cuestión de inconstitucionalidad ante el Tribunal Constitucional.

15°. También aludiremos a la disposición final, que previene su vigencia inmediata y ordena la publicación de la Constitución en las demás lenguas españolas.

1.2. División de poderes

1.2.1. El poder ejecutivo

En la vigente Constitución española la clave del arco de la organización políti-ca es el Gobierno, que, nombrado por el rey, ha de contar con la confianza de las Cortes, ante quien responde de su actuación. El Gobierno a través del dere-cho de disolución de las Cortes puede mantener la imprescindible independen-cia para el correcto desempeño de las funciones que la Constitución le otorga. Pero es necesario aclarar que la participación del rey en el nombramiento del Gobierno no significa que el parlamentarismo establecido sea dualista, es de-cir, que la responsabilidad del mismo no es doble, ante el rey y las Cortes, sino monista, pues dicha responsabilidad únicamente se sustancia ante las mis-mas, siendo la actividad del titular de la Corona, en este campo, una actividad reglada que ha de atenerse a la voluntad mayoritaria del Parlamento.

El Gobierno debe contar, en todo caso, con la confianza del Parlamento, y a este efecto la Constitución describe los supuestos por los que esta confianza se comprueba y se ratifica o se pierde. Y así el artículo 99 de la Constitución que exige una votación de investidura del candidato propuesto y dice literal-mente que «con ella el Congreso otorga su confianza a dicho candidato» (art. 99.2 y 3 de la Constitución); previene en los artículos 112 y 113 votaciones en que el Congreso ratifique su confianza al Gobierno sobre su programa o sobre una declaración de política general, y, por último, previene también que pueda retirar su confianza mediante una moción de censura, propuesta por la décima parte de los diputados, que no puede votarse hasta pasados cinco días de su presentación, y que ha de adoptarse por mayoría absoluta, con la propuesta de un nuevo candidato a la presidencia del Gobierno. La negativa de confianza da lugar a la designación del presidente de Gobierno por el procedimiento ordina-rio; la moción de censura significa al mismo tiempo que el candidato propuesto está investido de la confianza del Congreso.

Desde la aprobación de la Constitución española de 1978, puede observarse cómo su espíritu, principios y articulado han tenido el correspondiente desa-rrollo normativo en textos de rango legal, impulsando un período de fecunda producción legislativa para incorporar plenamente los principios democráti-cos al funcionamiento de los poderes e instituciones que conforman el Esta-do español.

En efecto, el conjunto de poderes y órganos constitucionales han sido objeto de leyes que, con posterioridad a la Constitución, establecen las pautas de su organización, competencia y normas de funcionamiento a la luz de la norma vértice de nuestro ordenamiento democrático.

Existía, sin embargo, un relevante ámbito de los poderes constitucionales al que todavía no había llegado el desarrollo legal de la Constitución. Tal era el caso del núcleo esencial de la configuración del poder ejecutivo como es el propio Gobierno. En efecto, carecía el Gobierno, como supremo órgano de la dirección de la política interior y exterior del Estado, de texto legal que contemplase su organización, competencias y funcionamiento en el espíritu, principios y texto constitucional. Tal es el importante paso que se ha dado con la Ley del Gobierno.

La Constitución española de 1978 establece los principios y criterios básicos que deben presidir el régimen jurídico del Gobierno, siendo su artículo 97 el precepto clave en la determinación de la posición constitucional del mismo.

Al propio tiempo, el artículo 98 de la Constitución española contiene un mandato dirigido al legislador para que este proceda al correspondiente desarrollo normativo del citado órgano constitucional en lo que se refiere a la determinación de sus miembros y estatuto e incompatibilidades de los mismos.

Por otra parte, el Gobierno no puede ser privado de sus características propias de origen constitucional si no es a través de una reforma de la Constitución española («garantía institucional»). Ahora bien, la potestad legislativa puede y debe operar automáticamente siempre y cuando no lleguen a infringirse principios o normas constitucionales.

Por ello, en lo que se refiere a aspectos orgánicos, procedimentales o funcionales, la Ley del Gobierno aparece como conveniente y, en cuanto se trate de precisar y desarrollar las previsiones concretas de remisión normativa contenida en la Constitución española, la Ley del Gobierno aparece como necesaria. Avala además la pertinencia de la misma el hecho de que la organización y el funcionamiento del Gobierno se encontraba en textos legales dispersos, algunos de ellos preconstitucionales, y, por tanto, no del todo coherentes con el contenido de nuestra Carta Magna.

Estructura. Dispone de 5 Títulos estructurados en 26 artículos:

Título I: «Del Gobierno, su composición, organización y funciones».

Título II: «Del Estatuto de los miembros del Gobierno, de los Secretarios de Estado y de los Directores de los Gabinetes».

Título III: «De las normas de funcionamiento del Gobierno y de la delegación de competencias».

Título IV: «Del Gobierno en funciones».

Título V: «De la iniciativa legislativa, de la potestad reglamentaria y del control de los actos del Gobierno».

El Gobierno es un órgano colegiado y complejo en el que participan diversas categorías de miembros. El artículo 98.5 de la Constitución preceptúa que «el Gobierno se compone del presidente, de los vicepresidentes en su caso, de los ministros y de los demás miembros que establezca la ley». De este modo pueden distinguirse dos componentes fijos (el presidente y los ministros) y otros dos posibles (vicepresidentes y otros miembros). Los ministros son nombrados por el rey a propuesta del presidente del Gobierno. Esto deja de manifiesto que el presidente no es un *primus inter pares,* sino que se quiere dotar al Gobierno de un marcado carácter presidencialista. Además, no olvidemos que el cese del Gobierno implicará automáticamente el del Gobierno en pleno.

1.2.2. Poder legislativo

Las Cortes Generales, dice el artículo 66 de la CE, representan al pueblo español, ejercen la potestad legislativa del Estado, aprueban sus presupuestos, controlan la acción del Gobierno y son inviolables.

Se pueden señalar los siguientes caracteres:

1. Son el órgano típicamente representativo del pueblo español, a través del cual los ciudadanos participan en los asuntos públicos por medio de representantes. Aunque participan de la soberanía, esta no reside en ellas, sino en el pueblo español (artículo 1.2).

2. Las Cortes son un órgano de poder político. Son uno de los poderes del Estado a los que se refiere al artículo 1.2 de la Constitución. En la terminología clásica son el Poder Legislativo, que goza de independencia frente a los otros poderes, si bien mantiene relaciones de colaboración e interacción. Esta independencia es declarada expresamente frente a injerencias extrañas estableciéndose su inviolabilidad. Son, además, un poder político en el sentido de que solo están limitadas por la Constitución, siendo un factor relevante en la adopción de decisiones políticas.

3. Son un órgano deliberante: sus decisiones se llevan a cabo a través de un proceso de discusión en el que participan miembros de las diversas tendencias dando un grado de mayor racionalidad a sus acuerdos.

4. Su estructura es bicameral, se compone de dos cámaras: Congreso de los Diputados y Senado.

5. Son un órgano de acción continuada que ejerce sus funciones incluso durante las vacaciones parlamentarias o en los supuestos de disolución o extinción del mandato, a través de la Diputación Permanente.

6. Las cortes son un Poder Legislativo, es decir, creadores de derecho, de normas superiores a cualquier otra, que no podrán ser enjuiciadas, sino por el Tribunal Constitucional.

Como ya se ha apuntado, las Cortes Generales se componen de dos Cámaras: Congreso de los Diputados y Senado, por cuya composición y funciones se pregunta en el capítulo en segundo lugar.

El Congreso de los Diputados. Es el órgano político por excelencia que canaliza la representación del pueblo español realizando con carácter casi exclusivo la función política en que se hace efectiva la relación de confianza en que se apoya el Gobierno, y es, además, el principal órgano en la elaboración de las leyes, sin perjuicio de la participación del Senado, la cual, como se verá en el presente capítulo, tiene un carácter subordinado.

Lo integran un mínimo de 300 y un máximo de 400 diputados, que la Ley 5/1985, de 19 de junio, de Régimen Electoral General, modificada por la Ley Orgánica 8/1991, fija en 350, diputados elegidos por circunscripciones electorales en que constituyen cada una de las provincias, además de las ciudades de Ceuta y Melilla.

El número de representantes por cada provincia lo fija la Ley Electoral asegurando un mínimo en cada una de ellas y distribuyendo los demás en proporción a la población. Concretamente el mínimo es de dos por provincia. Las ciudades de Ceuta y Melilla tendrán un representante cada una de ellas. La asignación de escaños entre las diferentes formaciones se lleva cabo siguiendo la fórmula D'Hondt.

El Congreso es elegido por cuatro años. Las elecciones tendrán lugar entre los 30 y los 60 días siguientes a la terminación del mandato y el Congreso electo deberá ser convocado entre los 25 días siguientes a la celebración de las elecciones (artículo 68 CE). También termina el mandato por disolución de la Cámara a propuesta del presidente del Gobierno o por no haber obtenido en el plazo de dos meses el voto de confianza los candidatos propuestos por el rey después de unas elecciones o de la negación de un voto de confianza al Gobierno (artículos 99 y 115).

El Senado. Junto al Congreso, integra las Cortes Generales. La Constitución le da un carácter de representatividad territorial (artículo 69). Cada provincia elegirá a cuatro senadores. En las provincias insulares, cada isla o agrupación de ellas, con Cabildo o Consejo Insular, constituirá una circunscripción a efectos de elección de senadores, correspondiendo tres a cada una de las islas mayores —Gran Canaria, Mallorca y Tenerife— y uno a cada una de las siguientes islas o agrupaciones: Ibiza-Formentera, Menorca, Fuerteventura, La Gomera, El Hierro, Lanzarote y La Palma. Ceuta y Melilla elegirán dos senadores cada una de ellas. Las comunidades autónomas designarán además un senador y otro más por cada millón de habitantes de su respectivo territorio. La designación corresponderá a la asamblea legislativa o, en su defecto, al órgano superior colegiado de la comunidad autónoma, según sus Estatutos.

El mandato es también de cuatro años y la disolución ha de ser conjunta o separadamente de la del Congreso, salvo en el supuesto de disolución por no haber elegido presidente en el plazo de dos meses después de unas elecciones o haber negado la confianza en el Congreso al Gobierno (artículos 99 y 115), supuesto que, necesariamente, la disolución afecta a ambas Cámaras.

1.2.3. Poder judicial

Para desarrollar esta función jurisdiccional el Estado actúa a través de un sistema de órganos que son los Tribunales de Justicia. Así establece el artículo 117.3 de la Constitución que «El ejercicio de la potestad jurisdiccional en todo tipo de procesos, juzgando y haciendo ejecutar lo juzgado, corresponde exclusivamente a los Juzgados y Tribunales determinados por las leyes, según las normas de competencia y procedimiento que las mismas establezcan».

La terminología que emplea la Constitución, el Poder Judicial es el único reflejo tajante de la doctrina de la división de poderes, y está vinculada a la definición del artículo 1 que precisa que España se constituye como Estado de Derecho. Y ello porque, de esta manera, como el Gobierno y las Cortes están íntimamente relacionadas entre sí, el Poder Judicial, o más simplemente, la justicia, está separado como poder cuya independencia trata de asegurarse con medios variados que confluyen en ese fin.

La Constitución de 1978 dedica el Título VI (artículos 117 a 127, ambos inclusive) al Poder Judicial. El desarrollo de este Título se recoge en la Ley Orgánica 6/1985, de 7 de julio, del Poder Judicial (modificada en no pocas ocasiones, la más reciente por la Ley Orgánica 13/2007, de 19 de noviembre, para la persecución extraterritorial del tráfico ilegal o la inmigración clandestina de personas).

Dice el apartado 1 del artículo 117 de la CE que «La justicia emana del pueblo y se administra en nombre del rey por jueces y magistrados integrantes del Poder Judicial, independientes, inamovibles, responsables y sometidos únicamente al imperio de la ley». La CE siguiendo el principio democrático establece que «la justicia emana del pueblo», no obstante, lo que realmente se quiere decir es que el poder para hacer justicia o para establecer la justicia emana del pueblo, puesto que la justicia no emana del pueblo, ya que hay algo superior que arguye la justicia o injusticia de la norma.

Si el titular para hacer justicia es el pueblo, la administración de la justicia corresponde al pueblo, a través de los sistemas que el pueblo determine a través de la ley. Sin embargo, la CE dice que la justicia se administra en nombre del rey, con lo que ha querido combinar el principio de titularidad popular del poder con un principio tradicional en nuestras constituciones, no obstante, hay que entender que el otorgamiento al rey de la administración de la justicia en su nombre tiene un valor tradicional de la primera época del constitucionalismo, teniendo hoy un sentido diferente pero no impropio. En efecto, su fundamento se encuentra en el artículo 56 de la Constitución, que confiere al rey el carácter de símbolo de la unidad y permanencia del Estado, árbitro y moderador del funcionamiento regular de las instituciones, que ofrece la garantía de imparcialidad y neutralidad que son la base del poder judicial.

En cuanto al problema del ejercicio del poder judicial, actualmente, la mayoría de la doctrina está de acuerdo en que la legitimación de aquellas personas que ejercen funciones judiciales no tiene porqué derivar de un procedimiento de elección, pues, dada la complejidad técnica de la función del juez, la designación de los jueces a través de un sistema de selección en que se garanticen los principios de igualdad de acceso, mérito y capacidad, es el sistema más adecuado para cumplir el principio democrático que también implica la no politización de este poder y su sometimiento a la ley, expresión de la voluntad popular. Ello no quiere decir que no pueda haber jueces elegidos, como en cierta forma se prevé en el sistema de jurado, institución esta que recoge el artículo 125 de la CE para los «procesos penales que la ley determine». El establecimiento y regulación del jurado se ha llevado en España por la Ley Orgánica 5/1995.

Estudiando sistemáticamente los preceptos que la Constitución dedica al Poder Judicial podemos establecer los siguientes:

1. *Principio de independencia e inamovilidad judiciales*

    El artículo 117 de la Constitución en sus apartados 1 y 2 dispone lo siguiente:

    La justicia emana del pueblo y se administra en nombre del rey por jueces y magistrados integrantes del Poder Judicial, independientes, inamovibles, responsables y sometidos únicamente al imperio de la ley.

    Los jueces y magistrados no podrán ser separados, suspendidos, trasladados ni jubilados, sino por alguna de las causas y con las garantías previstas en la ley.

    También en aras de esta independencia no debemos olvidarnos de la policía judicial regulada en el artículo 126 de la Constitución española que indica: «La policía judicial depende de los jueces, de los Tribunales y del Ministerio Fiscal en sus funciones de averiguación del delito y descubrimiento y aseguramiento del delincuente, en los términos que la ley establezca».

2. Principio de responsabilidad

Complemento y contrapartida de la independencia e inamovilidad de los jueces es la responsabilidad de los mismos en el ejercicio de su función que consagra, como ya hemos visto, el artículo 117.1 de la Constitución de manera expresa y que constituye una norma de garantía para la comunidad (en cuanto que cada uno de sus miembros puede ser parte en un futuro proceso). La responsabilidad de los jueces y magistrados puede ser civil, penal y disciplinaria (art. 16.1 de la LOPJ).

3. Medidas como garantías a los ciudadanos

3.1. La publicidad de las actuaciones judiciales

«Las actuaciones judiciales serán públicas, con las excepciones que prevean las leyes de procedimiento» (art. 120.1).

3.2. La oralidad del procedimiento

«El procedimiento será predominantemente oral, sobre todo en materia criminal» (arts. 120.2 de la Constitución española, 229 y 232 de la LOPJ).

3.3. La motivación de las sentencias y audiencia pública

«Las sentencias serán siempre motivadas y se pronunciarán en audiencia pública» (art. 120.3 de la Constitución española).

3.4. La gratuidad de la justicia

«La justicia será gratuita cuando así lo disponga la ley y, en todo caso, respecto de quienes acrediten insuficiencia de recursos para litigar» (arts. 119 de la Constitución española, 17 y 18 de la LOPJ).

3.5. Principio del origen popular de la justicia

El artículo 117.1 de la Constitución dispone, como ya hemos visto, que «la justicia emana del pueblo y se administra en nombre del rey...», precepto que engarza directamente con el artículo 1.º 2 del propio texto fundamental, incluido en su Título Preliminar y, por ello, dotado de la denominada supraconstitucionalidad que dispone que «la soberanía nacional reside en el pueblo español, del que emanan los poderes del Estado».

4. Principio de monopolio jurisdiccional

4.1. Enunciación

Tiene su consagración en el artículo 117.3 de la Constitución al disponer:

«El ejercicio de la potestad jurisdiccional en todo tipo de procesos, juzgando y haciendo ejecutar lo juzgado, corresponde exclusivamente a los Juzgados y Tribunales determinados por las leyes, según las normas de competencia y procedimiento que las mismas establezcan».

El monopolio jurisdiccional, así entendiendo, tiene una doble significación: de un lado, la exclusión de cualquier función de este carácter en manos del Ejecutivo o del Parlamento; y, de otra parte, la inconstitucionalidad de todos aquellos tribunales especiales o excepcionales no previstos en la Norma Fundamental (recogido además expresamente en el art. 117.6 al disponer que «se prohíben los Tribunales de excepción»).

4.2. Excepciones

Por razones diversas, la propia Constitución prevé distintas excepciones a este principio, que son las siguientes:

Ha establecido una jurisdicción especial encarnada por el Tribunal Constitucional (Título IX, arts. 159 a 165 y LOTC, Ley Orgánica 2/1979, de 3 de octubre), cuya función primordial es conocer la adecuación a la Constitución de las disposiciones con rango de ley.

En segundo lugar, el Tribunal de Cuentas, regulado por el artículo 136 de la Constitución, que constituye una jurisdicción especial justificada por su función de fiscalizar las cuentas y la gestión económica del Estado, así como del sector público.

La existencia de la jurisdicción militar.

Y finalmente, el reconocimiento de Tribunales tradicionales, situados fuera del Poder Judicial y mantenidos por razones históricas y de naturaleza generalmente popular. Reconocidos bajo la denominación de Tribunales consuetudinarios y tradicionales en el artículo 125 de la Constitución.

4.3. Extensión

Ahora bien, la función jurisdiccional no es solo exclusiva, con las excepciones señaladas, del Poder Judicial, sino también excluyente, en el sentido de que los jueces y tribunales no pueden realizar funciones diversas a las jurisdiccionales, tal como consagra el artículo 117.4 en los siguientes términos:

«Los Juzgados y Tribunales no ejercerán más funciones que las señaladas en el apartado anterior y las que expresamente les sean atribuidas por ley en garantía de cualquier derecho».

5. *Principio de unidad jurisdiccional*

Consecuencia inmediata del principio de exclusividad es el de unidad juris-diccional consagrada en el artículo 117.5 de la Constitución: «El principio de unidad jurisdiccional es la base de la organización y funcionamiento de los Tribunales».

La unidad jurisdiccional se manifiesta, además, como unidad territorial y como unidad funcionarial. En un territorio único y con un único cuerpo de funcionarios.

6. *Principio de participación ciudadana en la administración de justicia*

Se encuentra en íntima conexión con el origen popular de la justicia. Ade-más de los tribunales consuetudinarios y tradicionales, ya aludidos, el artículo 125 de la Constitución abre dos vías de participación ciudadana: la acción popular y el jurado: «Los ciudadanos pueden ejercer la acción popular y participar en la administración de justicia mediante la institu-ción del jurado, en la forma y con respecto a aquellos procesos penales que la ley determine». En cumplimiento de este principio constitucional, se ha promulgado la Ley Orgánica 5/1995, de 22 de mayo, del Tribunal del Jurado.

No debemos olvidarnos tampoco de la acción popular ejercitada en los de-litos públicos. Puede intervenir cualquier ciudadano en causas por delitos públicos. En el ámbito administrativo, esta legitimación o acción pública está prevista en diversas legislaciones sectoriales, excepcionándose así la necesidad de demostrar un derecho o interés legítimo. Ejemplos claros lo constituyen el artículo 109 de la Ley 22/1988, de 28 de julio, de Costas, o el artículo 8.º de la Ley 16/1985, de 25 de junio, del Patrimonio Históri-co Español.

7. *Principios complementarios*

Finalmente, la Constitución consagra dos preceptos dedicados a aspec-tos que, si bien no están íntimamente relacionados con la idea del fun-cionamiento del Poder Judicial, completan este esquema de garantías e independencia que hemos expuesto. Dichos principios son los siguientes:

7.1. Principio de responsabilidad patrimonial

«Los daños causados por error judicial, así como los que sean conse-cuencia del funcionamiento anormal de la administración de justicia, darán derecho a una indemnización a cargo del Estado, conforme a la ley». Artículo 121 de la Constitución española.

7.2. Principio de prohibición de afiliación a partidos y sindicatos

«Los jueces y magistrados así como los fiscales, mientras se hallen en activo, no podrán desempeñar otros cargos públicos ni pertenecer a partidos políticos o sindicatos. La ley establecerá el sistema y modalidades de asociación profesional de los jueces, magistrados y fiscales». Artículo 127.1 de la Constitución española.

7.3. Principio de incompatibilidad

Cerrando el esquema de la garantía en cuanto a la independencia del Poder Judicial de toda inmisión externa, el artículo 127.2 de la Constitución dispone que: «La ley establecerá el régimen de incompatibilidad de los miembros del Poder Judicial, que deberá asegurar la total independencia de los mismos».

1.3. La Administración del Estado

Entendida la Administración pública como un complejo orgánico integrado dentro del poder ejecutivo dirigido por el Gobierno, pero políticamente independiente del mismo, que sirve con objetividad a los intereses generales y que actúa con sujeción a los principios antes expresados (eficacia, jerarquía, desconcentración, descentralización, coordinación y sometimiento pleno a la ley y al derecho) hemos de partir de la premisa de que no existe una sola (esto es, una única Administración pública), sino tantas como niveles en que el Estado se organiza territorialmente («El Estado se organiza territorialmente en municipios, en provincias y en las comunidades autónomas que se constituyan», proclama el artículo 137 CE). Y así, además de la Administración del Estado a la que se refiere expresamente el Título IV de la Carta Magna, el artículo 141.2 de la misma encomienda a las diputaciones u otras corporaciones de carácter representativo el Gobierno y la Administración autónoma de las provincias, el artículo 140 encomienda a los ayuntamientos de los municipios, y el artículo 153.c) de la misma norma supralegal encomienda a la jurisdicción contenciosa el control de la Administración autónoma. Así podemos distinguir hasta tres Administraciones públicas territoriales (artículo 3 de la Ley 40/2015, de 1 de octubre, de Régimen Jurídico del Sector Público):

a)   La Administración General del Estado.

b)   Las Administraciones de las comunidades autónomas.

c)   Las entidades que integran la Administración local.

A su vez, cada una de estas Administraciones públicas territoriales, en atención al principio de descentralización funcional, cuenta con un microcosmos de entidades de derecho público vinculadas o dependientes de cada una de ellas. El artículo 2 de la Ley 40/2015, de 1 de octubre, de Régimen Jurídico del Sector Público establece que el sector público institucional se integra por:

a) Cualesquiera organismos públicos y entidades de derecho público vinculados o dependientes de las Administraciones públicas.

b) Las entidades de derecho privado vinculadas o dependientes de las Administraciones públicas que quedarán sujetas a lo dispuesto en las normas de esta ley que específicamente se refieran a las mismas, en particular a los principios previstos en el artículo 3, y, en todo caso, cuando ejerzan potestades administrativas.

c) Las universidades públicas que se regirán por su normativa específica y supletoriamente por las previsiones de la presente ley.

1.3.1. El Gobierno: composición, organización y funciones

El Gobierno es un órgano colegiado y complejo en el que participan diversas categorías de miembros. El artículo 98.5 de la Constitución preceptúa que «el Gobierno se compone del presidente, de los vicepresidentes en su caso, de los ministros y de los demás miembros que establezca la ley». De este modo pueden distinguirse dos componentes fijos (el presidente y los ministros) y otros dos posibles (vicepresidentes y otros miembros). Los ministros son nombrados por el rey a propuesta del presidente del Gobierno. Esto deja de manifiesto que el presidente no es un *primus inter pares*, sino que se quiere dotar al Gobierno de un marcado carácter presidencialista. Además, no olvidemos que el cese del Gobierno implicará automáticamente el del Gobierno en pleno.

Hay que destacar la preceptuación que hace el citado artículo 98.5 de la Constitución al prever que puedan formar parte del Gobierno personas que no tengan la condición de ministros, lo que muy probablemente es un portillo que se abre a la ley reguladora de este órgano, según lo previsto en el apartado 4 de este mismo precepto, para que se puedan considerar miembros del Gobierno a los secretarios de Estado, o bien ministros sin cartera (con este u otro nombre), o bien los subsecretarios de los departamentos ministeriales.

Naturaleza de la figura del presidente del Gobierno. No obstante lo anteriormente expuesto, es una cuestión largamente debatida el carácter del presidente respecto a los demás miembros del Gobierno; mientras unos patrocinan su superioridad jerárquica, otros afirman que se trata de un mero *primus inter pares*, no existiendo relación de jerarquía con los restantes miembros del gabinete. ¿Existe esta relación de jerarquía y de subordinación con los restantes miembros del Gobierno? o ¿se trata únicamente del presidente de un órgano colegiado, es decir, un *primus inter pares*? Existen, desde luego, argumentos para sostener ambas posturas, aunque nosotros, como hemos puesto de manifiesto a lo largo de la exposición de este capítulo, nos decantamos por la primera opción.

Desde una perspectiva jurídico-formal, la teoría del *primus inter pares* es la que parece más acertada, ya que, una vez constituido el Gobierno, es indudable que el presidente no debería tomar decisiones ni dar instrucciones en materias que son competencia de este, debiendo limitarse a presidir, dirigir y coordinar sus tareas, pero no pudiendo asumir sus competencias, siendo por otra parte muy escasas, aunque importantes, sus atribuciones propias independientes del Gobierno, quizás las más importantes sean las de plantear ante las Cortes la cuestión de confianza, y la propuesta de disolución de estas que deberá ser decretada por el rey, ya que, aunque en ambos casos se exige deliberación previa del Consejo de Ministros, dichas competencias las atribuye la Constitución directamente al presidente, asimismo le corresponde dirigir la acción del Gobierno (art. 98, apdo. 2). Sin embargo, y todavía dentro de la perspectiva jurídica, hay dos cuestiones que en gran medida hacen quebrar la anterior y le otorgan al presidente del Gobierno una primacía jurídica.

La primera es la posibilidad del presidente de nombrar y separar al resto de los miembros del Gobierno, ya que el rey deberá limitarse a confirmar las propuestas que en este sentido haga el presidente. La segunda es que el cese del presidente conlleva también el cese del Gobierno.

Desde una perspectiva informal y contemplando únicamente la realidad fáctica, el carácter del liderazgo del presidente y la subordinación al mismo del resto de los ministerios es evidente, dada su condición de jefe del partido de la mayoría. Es decir, si extragubernamentalmente existe una situación de superior jerarquía respecto a los demás miembros del partido que en definitiva forman el Gobierno, es indudable que, aunque este principio no esté legalmente consagrado, se ejerce de forma absolutamente efectiva.

Esta situación de primacía sin adjetivos del presidente del Gobierno, y que es indudablemente cierta *de facto* en un Gobierno monocolor, puede quebrar no obstante cuando la composición dividida de la Cámara obligue a Gobiernos de coalición, en cuyo caso, la cohesión y los vínculos de jerarquía que el Gobierno hereda del partido estarán tanto más sensiblemente mermados, cuanto más débil sea la mayoría parlamentaria del partido del Gobierno.

Funciones del presidente del Gobierno. Las principales funciones que la Constitución atribuye al presidente del Gobierno son las siguientes:

1. Dirigir la acción del Gobierno y coordinar las funciones de los demás miembros del mismo, sin perjuicio de la competencia y responsabilidad de estos en su gestión (art. 98.2 de la Constitución española).

2. Proponer al rey el nombramiento y cese de los restantes miembros del Gobierno (art. 62 de la Constitución española).

3. Suscitar ante las Cortes la cuestión de confianza a la que anteriormente aludimos (art. 112 de la Constitución española).

4. Proponer bajo su exclusiva responsabilidad, aunque previa deliberación del Consejo de Ministros, la disolución del Congreso, del Senado o de las Cortes Generales, la cual deberá ser decretada por el rey, fijando la fecha de las nuevas elecciones (art. 115 de la Constitución española).

5. Interponer el recurso de inconstitucionalidad ante el Tribunal Constitucional (que también puede ser interpuesto por otros órganos que enumera el art. 162) (art. 32 de la LOTC).

Por lo que respecta a las funciones del Gobierno, podemos destacar:

La función política. La función política o de Gobierno hace referencia a las facultades de dirección de la comunidad política que la Constitución otorga al Gobierno. A este respecto, el Gobierno se encuentra entre el cuerpo electoral, que a través de sus representantes en el Congreso le ha dado su confianza aceptando su programa de gobierno, y la organización administrativa; la labor del Gobierno, pues, es dirigir la acción de este en el sentido programado.

Sánchez Agesta ha definido esta función como «el poder de decidir discrecionalmente para el bien público». Ello quiere decir que los actos realizados por el Gobierno en el ejercicio de estas funciones políticas no son revisables por los tribunales, lo que no significa que tales actos no puedan generar responsabilidad; pero esta responsabilidad es de naturaleza política y no judicial, expresándose en la confianza de las Cortes.

Dentro de la función política o de Gobierno, destacan los siguientes actos concretos:

De orientación de la comunidad política. La orientación se encuentra básicamente en la presentación de programa ante el Congreso de los Diputados, así como en declaraciones generales sobre la política del Gobierno ante la Cámara. Así, según el artículo 110: «Los miembros del Gobierno tienen acceso a las sesiones de las Cámaras y a sus Comisiones y la facultad de hacerse oír en ellas, y podrá solicitar informe ante los mismos funcionarios de sus departamentos».

Actos en relación con el poder exterior. La Constitución residencia las funciones de representación del Estado en el monarca, pero encomienda la dirección de la política exterior al Gobierno. A este respecto, el capítulo III del Título III establece un conjunto de limitaciones a la conclusión de tratados internacionales por parte del complejo ejecutivo rey-Gobierno, a través de la necesaria intervención de las Cortes Generales en esta materia.

Una tercera categoría de actos de naturaleza política de gobierno, serían los tendentes al logro de equilibrio entre las distintas instituciones estatales. En este apartado se podrían incluir los siguientes supuestos:

- Elaboración de los Presupuestos Generales del Estado para su examen, enmienda y aprobación por las Cortes (art. 134 de la Constitución española).

- Elaboración de proyectos de planificación de la actividad económica general para su aprobación por ley (art. 131 de la Constitución española).

- El derecho de disolución de las Cortes (art. 115 de la Constitución española).

- Proponer la convocatoria de elecciones generales al rey, en los términos previstos por la Constitución española (art. 62 de la Constitución española).

- Proponer al rey el sometimiento a referéndum consultivo de decisiones políticas de especial trascendencia (art. 92.2). Aquí nos encontramos también con una limitación, pues la decisión del presidente del Gobierno no es libre desde el momento en que precise la autorización previa del Congreso de los Diputados.

- Deber de informar al rey de asuntos de Estado en sesiones del Consejo de Ministros (art. 62 de la Constitución española).

- Interponer el recurso de inconstitucionalidad ante el Tribunal Constitucional contra leyes o disposiciones normativas con rango de ley (art. 162.1), así como impugnar ante el mismo Tribunal las disposiciones y resoluciones adoptadas por los órganos de las comunidades autónomas (art. 161.2). Requerir al Tribunal Constitucional para que se pronuncie sobre la constitucionalidad de un tratado (art. 95.2). Planteamiento de conflictos constitucionales con Congreso, Senado y Consejo General del Poder Judicial (arts. 73 y ss. de la LOTC).

- Actos relacionados con la dirección de la defensa nacional.

- Actos realizados como consecuencia de situaciones de anormalidad en la vida constitucional del Estado. A estos efectos, la Constitución regula tres supuestos: el estado de alarma, el estado de excepción y el estado de sitio (art. 116 de la Constitución española).

Función normativa. Para llevar a cabo las funciones de gobierno y administración, para expresar y hacer cumplir sus decisiones en estos campos, el Gobierno posee, como instrumento principal, «la potestad reglamentaria» (art. 97), o sea, la potestad de dictar ciertas normas jurídicas. Esas normas toman el nombre de decretos.

Como se estudia al hablar del Estado de Derecho y del principio de jerarquía normativa, los decretos del Gobierno son normas de rango inferior a la Constitución y a las leyes del Parlamento y, por tanto, deben respetar lo establecido en estas normas superiores. De este modo se hace realidad una de las premisas esenciales del régimen demoliberal, la cual consiste en que el Gobierno, a pesar de las amplias y libres facultades de gobierno y administración, no actúe sin límite alguno, sino que se someta no solo a la Constitución, sino también a la voluntad del Parlamento. Sin embargo, los reglamentos del Gobierno pueden regular de forma autónoma aquellas cuestiones que la Constitución no reserva a la ley orgánica o a la ordinaria o que no haya sido objeto de regulación por estas.

Una de las principales características de los decretos del Gobierno estriba en su subordinación jerárquica a la Constitución y a las leyes. No obstante, este importante principio puede alterarse a través de dos mecanismos, que otorgan a los decretos del Gobierno el rango de ley, o sea, les confieren el mismo valor que el que posee una ley del Parlamento. Se trata concretamente de los decretos-leyes y los decretos legislativos. A nadie puede ocultársele el peligro que puede entrañar la utilización indiscriminada y abusiva de ambos mecanismos. De hecho, pueden servir para minar algunas de las bases esenciales del Estado de Derecho, puesto que no solo pone en peligro el principio de separación, sino el principio de la jerarquía normativa y la consiguiente sumisión del Gobierno a la voluntad del Parlamento expresada en las leyes.

Las razones que suelen aducirse para justificar la utilización de los decretos-leyes y de los decretos legislativos se refieren, esencialmente, al hecho de que la complejidad, la urgencia y la gran cantidad de problemas que tiene que resolver constantemente el Estado actual hace imposible su resolución por parte de un Parlamento numeroso, lento en su funcionamiento y falto de técnicos. En cambio, se afirma que el Gobierno, que forma un equipo más reducido y cohesionado, apoyándose en el aparato técnico-burocrático del Estado, puede resolver con mayor prontitud y precisión esa avalancha cotidiana de problemas que conlleva el creciente intervencionismo estatal. Para que lleve a cabo esa tarea se le reconoce la posibilidad de dictar normas con rango de ley.

En cuanto a la regulación concreta que hace la Constitución de los decretos-leyes y de los decretos legislativos, nos remitimos a lo expuesto en otros temas del programa. Asimismo, entre las funciones legislativas del Gobierno es preciso señalar la iniciativa para la elaboración y aprobación de la legislación parlamentaria, iniciativa que comparte con el Congreso, el Senado, las Asambleas de las comunidades autónomas e incluso la iniciativa popular (art. 87). Esta participación de otros órganos tiene, sin embargo, dos frenos jurídicos en la propia Constitución. En primer lugar, la prioridad que se atribuye a los proyectos de ley, esto es, a la iniciativa del Gobierno y el derecho del Gobierno a presentar proyectos de ley que impliquen aumento del gasto público o disminución de los ingresos, unido al privilegio de que sea precisa su conformidad para tramitar toda proposición de ley o enmienda que suponga un aumento de los gastos o una disminución de los créditos (art. 134.5 y 6). Y un freno político aún más eficaz en el hecho de que el Gobierno, que se apoya en la confianza de una mayoría, dispone de esa mayoría para cerrar el paso a las iniciativas o proposiciones de la oposición que no estén comprendidas en el marco de su programa. El Gobierno también tiene iniciativa en la reforma constitucional (art. 166.1 de la Constitución española) que se ejercerá en los términos del artículo 87.1 y 2 de la Constitución española.

Funciones ejecutivas o administrativas. Cabe destacar, entre otras, las consistentes en:

- Crear y suprimir Comisiones Delegadas de Gobierno y altos cargos de la Administración del Estado.
- Resolución de recursos administrativos.
- Autorización de celebración de contratos administrativos.
- Resolución de asuntos en los que un ministro disienta del Congreso.
- Provisión de puestos administrativos.

1.3.2. La Administración General del Estado: órganos centrales, territoriales y colegiados. Organismos públicos

La organización de la Administración General del Estado responde a los principios de división funcional en departamentos ministeriales y de gestión territorial integrada en delegaciones del Gobierno en las comunidades autónomas.

En la organización central de la AGE se distingue entre órganos superiores y órganos directivos. Corresponde a los órganos superiores establecer los planes de actuación de la organización situada bajo su responsabilidad y a los órganos directivos su desarrollo y ejecución.

Conforme al artículo 55 de la Ley 40/2015, de 1 de octubre, de Régimen Jurídico del Sector Público, la organización de la Administración General del Estado responde a los principios de división funcional en departamentos ministeriales y de gestión territorial integrada en delegaciones del Gobierno en las comunidades autónomas, salvo las excepciones previstas por esta ley.

La Administración General del Estado comprende:

a) La organización central, que integra los ministerios y los servicios comunes.

b) La organización territorial.

c) La Administración General del Estado en el exterior.

En la organización central son órganos superiores y órganos directivos:

a) Órganos superiores:

　　1.º Los ministros.

　　2.º Los secretarios de Estado.

b) Órganos directivos:

　　1.º Los subsecretarios y secretarios generales.

　　2.º Los secretarios generales técnicos y directores generales.

　　3.º Los subdirectores generales.

En la organización territorial de la Administración General del Estado son órganos directivos tanto los delegados del Gobierno en las comunidades autónomas, que tendrán rango de subsecretario, como los subdelegados del Gobierno en las provincias, los cuales tendrán nivel de subdirector general.

En la Administración General del Estado en el exterior son órganos directivos los embajadores y representantes permanentes ante organizaciones internacionales.

Los órganos superiores y directivos tienen además la condición de alto cargo, excepto los subdirectores generales y asimilados, de acuerdo con lo previsto en la Ley 3/2015, de 30 de marzo, reguladora del ejercicio del alto cargo de la Administración General del Estado. Todos los demás órganos de la Administración General del Estado se encuentran bajo la dependencia o dirección de un órgano superior o directivo.

Además, corresponde a los órganos superiores establecer los planes de actuación de la organización situada bajo su responsabilidad y a los órganos directivos su desarrollo y ejecución. Los ministros y secretarios de Estado son nombrados de acuerdo con lo establecido en la Ley 50/1997, de 27 de noviembre, del Gobierno y en la Ley 3/2015, de 30 de marzo, reguladora del ejercicio del alto cargo de la Administración General del Estado.

Los ministros, miembros del Gobierno y titulares del máximo órgano de la Administración General del Estado, constituyen la pieza básica de la organización. Su condición de responsables públicos hace que la ley les otorgue la capacidad de decisión sobre la definición, ejecución, control y evaluación de las políticas sectoriales de su competencia, al tiempo que se distinguen de estas funciones, que son de naturaleza indelegable, las que se refieren al manejo de los medios, que pueden desconcentrarse o delegarse en otros órganos superiores o directivos. Las secretarías de Estado, que también son órganos superiores de la Administración, se caracterizan por ser sus titulares cargos públicos que tienen encomendada esencialmente la función de transmisión y seguimiento de las políticas gubernamentales al seno de la Administración.

Dependientes de los órganos superiores se encuentran los subsecretarios; los secretarios generales, cuya existencia se prevé como excepcional; los secretarios generales técnicos; los directores generales y los subdirectores generales.

Como garantía de objetividad en el servicio a los intereses generales, la ley consagra el principio de profesionalización de la Administración General del Estado, en cuya virtud los subsecretarios y secretarios generales técnicos, en todo caso, y los directores generales, con carácter general, son altos cargos con responsabilidad directiva y habrán de nombrarse entre funcionarios para los que se exija titulación superior. Además, a los subdirectores generales, órganos en los que comienza el nivel directivo de la Administración General del Estado, también la ley les dispensa un tratamiento especial para subrayar su importancia en la estructura administrativa.

Finalmente, con el objeto de ordenar la unidad de acción de la Administración General del Estado en la comunidad autónoma, se integrará en la Delegación del Gobierno toda la estructura periférica del Estado que sea necesaria en función de los diferentes ritmos de transferencias desde el Estado a las comunidades autónomas.

Los ministerios. La Administración General del Estado se organiza en Presidencia del Gobierno y en ministerios, comprendiendo a cada uno de ellos uno o varios sectores funcionalmente homogéneos de actividad administrativa. La organización en departamentos ministeriales no obsta a la existencia de órganos superiores o directivos u organismos públicos no integrados o dependientes, respectivamente, en la estructura general del ministerio que con carácter excepcional se adscriban directamente al ministro. La determinación del número, la denominación y el ámbito de competencia respectivo de los ministerios y las secretarías de Estado se establecen mediante Real Decreto del presidente del Gobierno (art. 57 Ley 40/2015, de 1 de octubre, de Régimen Jurídico del Sector Público).

Organización interna de los ministerios. En los ministerios pueden existir secretarías de Estado y secretarías generales para la gestión de un sector de actividad administrativa. De ellas dependerán jerárquicamente los órganos directivos que se les adscriban. Los ministerios contarán, en todo caso, con una subsecretaría y, dependiendo de ella, una secretaría general técnica, para la gestión de los servicios comunes previstos en este Título.

Por su parte, las direcciones generales se organizan en subdirecciones generales para la distribución de las competencias encomendadas a aquellas, la realización de las actividades que les son propias y la asignación de objetivos y responsabilidades. Sin perjuicio de lo anterior, podrán adscribirse directamente subdirecciones generales a otros órganos directivos de mayor nivel o a órganos superiores del ministerio (art. 58 Ley 40/2015, de 1 de octubre, de Régimen Jurídico del Sector Público).

Creación, modificación y supresión. Las subsecretarías, las secretarías generales, las secretarías generales técnicas, las direcciones generales, las subdirecciones generales, y órganos similares a los anteriores se crean, modifican y suprimen por real decreto del Consejo de Ministros, a iniciativa del ministro interesado y a propuesta del ministro de Hacienda y Administraciones públicas.

Los órganos de nivel inferior a subdirección general se crean, modifican y suprimen por orden del ministro respectivo, previa autorización del ministro de Hacienda y Administraciones públicas. Las unidades que no tengan la consideración de órganos se crean, modifican y suprimen a través de las relaciones de puestos de trabajo (art. 59 Ley 40/2015, de 1 de octubre, de Régimen Jurídico del Sector Público).

Órganos superiores de los ministerios

Los ministros. Los ministros, miembros del Gobierno y titulares del máximo órgano de la Administración General del Estado, constituyen la pieza básica del Gobierno. Su condición de responsables públicos hace que la ley les otorgue la capacidad de decisión sobre la definición, ejecución, control y evaluación de las políticas sectoriales de su competencia, al tiempo que se distinguen de estas funciones, que son de naturaleza indelegable, las que se refieren al manejo de los medios, que pueden desconcentrarse o delegarse en otros órganos superiores o directivos.

Su nombramiento corresponde al rey a propuesta del presidente del Gobierno. Respecto a sus incompatibilidades y responsabilidad rige lo dispuesto para el presidente del Gobierno.

Los ministros, además de las atribuciones que les corresponden como miembros de Gobierno, dirigen, en cuanto titular de un departamento ministerial, los sectores de actividad administrativa integrados en su ministerio y asumen la responsabilidad inherente a dicha dirección.

Los ministros, como titulares del departamento sobre el que ejercen su competencia, dirigen los sectores de actividad administrativa integrados en su ministerio, y asumen la responsabilidad inherente a dicha dirección. A tal fin, les corresponden, entre otras, las siguientes funciones (art. 61 Ley 40/2015, de 1 de octubre, de Régimen Jurídico del Sector Público):

a) Ejercer la potestad reglamentaria en las materias propias de su departamento.

b) Fijar los objetivos del ministerio, aprobar los planes de actuación del mismo y asignar los recursos necesarios para su ejecución, dentro de los límites de las dotaciones presupuestarias correspondientes.

c) Aprobar las propuestas de los estados de gastos del ministerio, y de los presupuestos de los organismos públicos dependientes y remitirlas al Ministerio de Hacienda y Administraciones públicas.

d) Determinar y, en su caso, proponer la organización interna de su ministerio, de acuerdo con las competencias que le atribuye esta ley.

e) Evaluar la realización de los planes de actuación del ministerio por parte de los órganos superiores y órganos directivos y ejercer el control de eficacia respecto de la actuación de dichos órganos y de los organismos públicos dependientes.

f) Nombrar y separar a los titulares de los órganos directivos del ministerio y de los organismos públicos o entidades de derecho público dependientes del mismo, cuando la competencia no esté atribuida al Consejo de Ministros, a otro órgano o al propio organismo, así como elevar a aquel las propuestas de nombramientos que le estén reservadas de órganos directivos del ministerio y de los organismos públicos dependientes del mismo.

g) Autorizar las Comisiones de servicio con derecho a indemnización por cuantía exacta para altos cargos dependientes del ministro.

Los secretarios de Estado. Las secretarías de Estado, que también son órganos superiores de la Administración, se caracterizan por ser sus titulares cargos públicos que tienen encomendada esencialmente la función de transmisión y seguimiento de las políticas gubernamentales al seno de la Administración. Los secretarios de Estado dirigen y coordinan las direcciones generales situadas bajo su dependencia, y responden ante el ministro de la ejecución de los objetivos fijados para la secretaría de Estado.

Los secretarios de Estado son directamente responsables de la ejecución de la acción del Gobierno en un sector de actividad específica. Asimismo, podrán ostentar por delegación expresa de sus respectivos ministros la representación de estos en materias propias de su competencia, incluidas aquellas con proyección internacional, sin perjuicio, en todo caso, de las normas que rigen las relaciones de España con otros Estados y con las organizaciones internacionales.

Los secretarios de Estado dirigen y coordinan las secretarías y las direcciones generales situadas bajo su dependencia, y responden ante el ministro de la ejecución de los objetivos fijados para la secretaría de Estado. A tal fin les corresponden, entre otras, las siguientes funciones (art. 62 Ley 40/2015, de 1 de octubre, de Régimen Jurídico del Sector Público):

a) Ejercer las competencias sobre el sector de actividad administrativa asignado que les atribuya la norma de creación del órgano o que les delegue el ministro y desempeñar las relaciones externas de la secretaría de Estado, salvo en los casos legalmente reservados al ministro.

b) Ejercer las competencias inherentes a su responsabilidad de dirección y, en particular, impulsar la consecución de los objetivos y la ejecución de los proyectos de su organización, controlando su cumplimiento, supervisando la actividad de los órganos directivos adscritos e impartiendo instrucciones a sus titulares.

c) Nombrar y separar a los subdirectores generales de la secretaría de Estado.

d) Mantener las relaciones con los órganos de las comunidades autónomas competentes por razón de la materia.

Órganos directivos

Subsecretarios. Los subsecretarios ostentan la representación ordinaria del ministerio, dirigen los servicios comunes, ejercen las competencias correspondientes a dichos servicios comunes y, en entre otras, las siguientes (art. 63 Ley 40/2015, de 1 de octubre, de Régimen Jurídico del Sector Público):

a) Apoyar a los órganos superiores en la planificación de la actividad del ministerio, a través del correspondiente asesoramiento técnico.

b) Asistir al ministro en el control de eficacia del ministerio y sus organismos públicos.

c) Establecer los programas de inspección de los servicios del ministerio, así como determinar las actuaciones precisas para la mejora de los sistemas de planificación, dirección y organización; y para la racionalización y simplificación de los procedimientos y métodos de trabajo, en el marco definido por el Ministerio de Hacienda y Administraciones públicas.

d) Proponer las medidas de organización del ministerio y dirigir el funcionamiento de los servicios comunes a través de las correspondientes instrucciones u órdenes de servicio.

e) Asistir a los órganos superiores en materia de relaciones de puestos de trabajo, planes de empleo y política de directivos del ministerio y sus organismos públicos, así como en la elaboración, ejecución y seguimiento de los presupuestos y la planificación de los sistemas de información y comunicación.

f) Desempeñar la jefatura superior de todo el personal del departamento.

g) Responsabilizarse del asesoramiento jurídico al ministro en el desarrollo de las funciones que a este le corresponden y, en particular, en el ejercicio de su potestad normativa y en la producción de los actos administrativos de la competencia de aquel, así como a los demás órganos del ministerio.

A tales efectos, el subsecretario será responsable de coordinar las actuaciones correspondientes dentro del ministerio y en relación con los demás ministerios que hayan de intervenir en el procedimiento.

Secretarios generales. Cuando las normas que regulan la estructura de un ministerio prevean la existencia de un secretario general, deberán determinar las competencias que le correspondan sobre un sector de actividad administrativa determinado.

Los secretarios generales ejercen las competencias inherentes a su responsabilidad de dirección sobre los órganos dependientes, así como todas aquellas que les asigne expresamente el real decreto de estructura del ministerio.

Los secretarios generales, con categoría de subsecretario, serán nombrados y separados por real decreto del Consejo de Ministros, a propuesta del titular del ministerio o del presidente del Gobierno (art. 64 Ley 40/2015, de 1 de octubre, de Régimen Jurídico del Sector Público).

Secretarios generales técnicos. Los secretarios generales técnicos, bajo la inmediata dependencia del subsecretario, tendrán las competencias sobre servicios comunes que les atribuya el real decreto de estructura del departamento y, en todo caso, las relativas a producción normativa, asistencia jurídica y publicaciones. Tienen a todos los efectos la categoría de director general y ejercen sobre sus órganos dependientes las facultades atribuidas a dicho órgano. Son nombrados y separados por real decreto del Consejo de Ministros a propuesta del titular del ministerio (art. 65 Ley 40/2015, de 1 de octubre, de Régimen Jurídico del Sector Público).

Directores generales. Los directores generales son los titulares de los órganos directivos encargados de la gestión de una o varias áreas funcionalmente homogéneas del ministerio. A tal efecto, les corresponde:

a) Proponer los proyectos de su dirección general para alcanzar los objetivos establecidos por el ministro, dirigir su ejecución y controlar su adecuado cumplimiento.

b) Ejercer las competencias atribuidas a la dirección general y las que le sean desconcentradas o delegadas.

c) Proponer, en los restantes casos, al ministro o al titular del órgano del que dependa, la resolución que estime procedente sobre los asuntos que afectan al órgano directivo.

d) Impulsar y supervisar las actividades que forman parte de la gestión ordinaria del órgano directivo y velar por el buen funcionamiento de los órganos y unidades dependientes y del personal integrado en los mismos.

e) Las demás atribuciones que le confieran las leyes y reglamentos.

Los directores generales serán nombrados y separados por real decreto del Consejo de Ministros, a propuesta del titular del departamento o del presidente del Gobierno (art. 66 Ley 40/2015, de 1 de octubre, de Régimen Jurídico del Sector Público).

Subdirectores generales. Los subdirectores generales son los responsables inmediatos, bajo la supervisión del director general o del titular del órgano del que dependan, de la ejecución de aquellos proyectos, objetivos o actividades que les sean asignados, así como de la gestión ordinaria de los asuntos de la competencia de la subdirección general. Son nombrados respetando los principios de igualdad, mérito y capacidad, y cesados por el ministro, secretario de Estado o subsecretario del que dependan (art. 67 Ley 40/2015, de 1 de octubre, de Régimen Jurídico del Sector Público).

Administración periférica del Estado

En cuanto la organización territorial de la Administración General del Estado, existirá una delegación del Gobierno en cada una de las comunidades autónomas, y tendrán su sede en la localidad donde radique el Consejo de Gobierno de la comunidad autónoma, salvo que el Consejo de Ministros acuerde ubicarla en otra distinta y sin perjuicio de lo que disponga expresamente el Estatuto de autonomía.

A su vez, en cada una de las provincias de las comunidades autónomas pluriprovinciales, existirá un subdelegado del Gobierno, que estará bajo la inmediata dependencia del delegado del Gobierno. Podrán crearse, por real decreto, subdelegaciones del Gobierno en las comunidades autónomas uniprovinciales, cuando circunstancias tales como la población del territorio; el volumen de gestión o sus singularidades geográficas, sociales o económicas así lo justifiquen (art. 69 Ley 40/2015, de 1 de octubre, de Régimen Jurídico del Sector Público).

Por último, reglamentariamente se determinarán las islas en las que existirá un director insular de la Administración General del Estado, con el nivel que se determine en la relación de puestos de trabajo. Serán nombrados por el delegado del Gobierno mediante el procedimiento de libre designación entre funcionarios de carrera del Estado, de las comunidades autónomas o de las entidades locales, pertenecientes a cuerpos o escalas clasificados como Subgrupo A1 (art. 70 Ley 40/2015, de 1 de octubre, de Régimen Jurídico del Sector Público).

Servicio Exterior

El Servicio Exterior del Estado se rige en todo lo concerniente a su composición, organización, funciones, integración y personal por lo dispuesto en la Ley 2/2014, de 25 de marzo, de la Acción y del Servicio Exterior del Estado y en su normativa de desarrollo y, supletoriamente, por lo dispuesto en esta ley (art. 80 Ley 40/2015, de 1 de octubre, de Régimen Jurídico del Sector Público).

Sector público institucional

Las entidades que integran el sector público institucional están sometidas en su actuación a los principios de legalidad, eficiencia, estabilidad presupuestaria y sostenibilidad financiera, así como al principio de transparencia en su gestión. En particular, se sujetarán en materia de personal, incluido el laboral, a las limitaciones previstas en la normativa presupuestaria y en las previsiones anuales de los presupuestos generales. Todas las Administraciones públicas deberán establecer un sistema de supervisión continua de sus entidades dependientes, con el objeto de comprobar la subsistencia de los motivos que justificaron su creación y su sostenibilidad financiera, y que deberá incluir la formulación expresa de propuestas de mantenimiento, transformación o extinción (art. 81 Ley 40/2015, de 1 de octubre, de Régimen Jurídico del Sector Público).

Integran el sector público institucional estatal las siguientes entidades (art. 84 Ley 40/2015, de 1 de octubre, de Régimen Jurídico del Sector Público):

a) Los organismos públicos vinculados o dependientes de la Administración General del Estado, los cuales se clasifican en:

1. Organismos autónomos.

2. Entidades públicas empresariales.

3. Agencias estatales.

b) Las autoridades administrativas independientes.

c) Las sociedades mercantiles estatales.

d) Los consorcios.

e) Las fundaciones del sector público.

f) Los fondos sin personalidad jurídica.

g) Las universidades públicas no transferidas.

La Administración General del Estado o entidad integrante del sector público institucional estatal no podrá, por sí misma ni en colaboración con otras entidades públicas o privadas, crear, ni ejercer el control efectivo, directa ni indirectamente, sobre ningún otro tipo de entidad distinta de las enumeradas en este artículo, con independencia de su naturaleza y régimen jurídico.

Las universidades públicas no transferidas se regirán por lo dispuesto en la Ley 47/2003, de 26 de noviembre, que les sea de aplicación, y por lo dispuesto en esta ley en lo que no esté previsto en su normativa específica.

1.4. La Administración autonómica

1.4.1. Competencias de las comunidades autónomas

El fundamento del Estado de las autonomías viene reflejado en el artículo 2 de la Constitución, según el cual «La Constitución se fundamenta en la indisoluble unidad de la nación española, patria común e indivisible de todos los españoles, y reconoce y garantiza el derecho a la autonomía de las nacionalidades y regiones que la integran y la solidaridad entre todas ellas».

Este principio autonómico se halla integrado a su vez por dos elementos indisociables, la unidad y la autonomía, que desarrollaremos más adelante, puesto que en la Constitución existe otra serie de principios que forman el estado de las autonomías cuya misión es crear un único espacio político-constitucional y económico. Tales principios son:

1.º **El principio de solidaridad:** cumple la función de integrar a las diversas instancias (Estado y CC. AA.) en una única empresa, que consiste en la realización de valores constitucionales y de los intereses generales del conjunto estatal. Se configura en una doble vertiente:

- Como límite negativo al ejercicio de competencias, es decir, actuar en el ejercicio de sus poderes con respeto a los intereses del conjunto y de los demás miembros.

- Como obligación positiva de los poderes públicos que han de orientar sus actuaciones, especialmente en materia económica, a la consecución de ciertos objetivos constitucionales fijados principalmente a la compensación de los desequilibrios territoriales.

En caso de que las CC. AA. incumplan, el Estado dispone de un instrumento rotundo, la ejecución forzosa del artículo 155, y en caso de que el incumplimiento provenga del Estado, las CC. AA. pueden defenderse con la reacción judicial prevista en el artículo 162.1.a) de la CE.

2.º **La igualdad entre CC. AA.:** este principio se refiere únicamente a la igualdad en la posición jurídico-constitucional, es decir, respecto de las perspectivas de autonomía, y a la igual representación institucional (Senado, legitimación ante el TC...), pero igualdad que no abarca ni su régimen organizativo, ni el procedimiento de acceso a la autonomía, ni su concreto ámbito competencial.

3.º **La homogeneidad político-constitucional:** principio recogido en el artículo 152 de la CE (Asamblea Legislativa, Consejo de Gobierno y presidente) que refleja una organización típica de la democracia representativa y parlamentaria, teniendo en cuenta, claro está, que la CE no diferencia entre clases de autonomía, sino entre ritmos de acceso a la plena autonomía, por lo que el artículo 152 es aplicable en general a todas las CC. AA. y no únicamente a las del 151 de la CE.

4.º **La igualdad de derechos y obligaciones de los ciudadanos:** la Constitución goza de aplicación directa en todo el territorio, y el artículo 139.1 establece que: «Todos los españoles tienen los mismos derechos y obligaciones en cualquier parte del territorio del Estado». Dicha igualdad se refiere al estatus jurídico-constitucional básico, es decir, en el ejercicio de los derechos y libertades, y en la exigencia de sus deberes constitucionales, pero no se refiere a una perfecta uniformidad en su posición jurídica. El problema consiste en determinar el límite, cuestión resuelta por el TC, acudiendo al principio de competencia, según el cual al Estado le corresponde la regulación de las condiciones básicas del ejercicio de los derechos y libertades y en la exigencia de sus deberes constitucionales (art. 149.1.1 CE) respetando en todo caso su contenido esencial (art. 53 CE), mientras que las CC. AA. podrán incidir en ellos, respetando siempre su contenido esencial y las condiciones básicas fijadas por el Estado si se apoyan para ello en una competencia autonómica.

5.º **La unidad de mercado:** dice el artículo 139.2 «Ninguna autoridad podrá adoptar medidas que directa o indirectamente obstaculicen la libertad de circulación y establecimiento de las personas y la libre circulación de bienes en todo el territorio español». Este precepto tiene una doble vertiente:

1. La libertad de circulación y establecimiento de las personas, reiteración innecesaria, pues ya se encontraba protegido por el principio de igualdad del artículo 139.1.

2. La libertad de circulación de bienes que consagra el principio de unidad de mercado y se constituye en límite negativo al ejercicio de poderes de las CC. AA., que no podrán crear obs-táculos directos, como es evidente, y, como dice el TC, tampoco indirectos, que serían aquellas medidas fundamentadas en un título competencial, pero de proporcionalidad inadecuada en relación con los fines que legítimamente puede perseguir, de manera que se produce un exceso de competencia.

En cuanto a las competencias, la CE no ha establecido un criterio fijo de competencias de las CC. AA., dejando a cada una de ellas libertad para asumir a través de sus respectivos EE. AA. las que tuvieran por conveniente dentro de los límites fijados en el texto constitucional.

La CE contiene dos listas de materias:

- Las previstas en el artículo 149, que las explicita a los largo de sus 32 apartados.

- Las previstas en el artículo 148, a lo largo de 22 apartados.

De ambas listas solo la del 149 tiene alcance permanente y general, puesto que la lista de competencias del 148 no determina sino un nivel máximo temporal para algunas CC. AA., llamadas precisamente de vía lenta.

A la vista de los artículos 149 y 148 se puede afirmar lo siguiente:

- Que aquellas competencias residuales o remanentes, que no estén comprendidas en el artículo 148 ni en el 149, corresponderán a las CC. AA. si son asumidas a través de sus respectivos EE. AA. y siempre que de otro artículo de la CE no se deduzca que son competencias estatales.
- Que aquellas materias no comprendidas en ninguna de las dos listas antes mencionadas, en caso de que no sean asumidas por los EE. AA., serán competencia del Estado.
- Que incluso las competencias en principio atribuidas a las CC. AA. en el artículo 148 corresponden al Estado en el caso de que no sean asumidas en los correspondientes EE. AA.

De lo dicho puede deducirse que el *quantum* autonómico puede oscilar mucho de unas CC. AA. a otras, aunque el estímulo de emulación entre las CC. AA. encamina a todas ellas hacia las cotas de autonomía más altas permitidas por la CE.

Como ya hemos señalado, la Constitución española de 1978 supuso, ante todo, un profundo cambio en la estructura política del Estado español. El establecimiento de un modelo de Estado con la aparición de un nuevo escalón territorial, el regional o autonómico, ha dado lugar a una verdadera descentralización política de España.

En efecto, el Título VIII de la Constitución española diseñó un modelo de Estado con tres niveles político-administrativos distintos —el estatal, el autonómico y el local—, y ha sido el artículo 137 de la Constitución española el que ha recogido expresamente la autonomía para la organización de sus respectivos intereses a cada uno de estos niveles.

1.4.2. Organización autonómica

La regulación básica de la organización político-institucional de las comunidades autónomas la recoge nuestra Constitución en distintos artículos, de los cuales el más importante es el artículo 152.1, que establece lo siguiente:

«1. En los estatutos aprobados por el procedimiento a que se refiere el artículo anterior, la organización institucional autonómica se basará en una Asamblea Legislativa elegida por sufragio universal con arreglo a un sistema de representación proporcional que asegure, además, la representación de las diversas zonas del territorio; un Consejo de Gobierno con funciones ejecutivas y administrativas, y un presidente, elegido, por la Asamblea, de entre sus miembros, y nombrado por el rey, al que corresponde la dirección del Consejo de Gobierno, la suprema representación de la respectiva comunidad y la ordinaria del Estado en aquella. El presidente y los miembros del Consejo de Gobierno serán políticamente responsables ante la Asamblea.

Un Tribunal Superior de Justicia, sin perjuicio de la jurisdicción que corresponde al Tribunal Supremo, culminará la organización judicial en el ámbito territorial de la comunidad autónoma (...)».

Como se puede observar, este artículo contempla como órganos políticos de la comunidad autónoma al presidente, la Asamblea Legislativa, y al Consejo de Gobierno (el Tribunal Superior de Justicia no forma parte de la organización institucional de las comunidades autónomas), pero lo hace única y exclusivamente para las comunidades autónomas llamadas de vía rápida o especial del artículo 151, no para el resto de comunidades autónomas.

Por tanto, y al menos en teoría, las comunidades autónomas que accedieron a la autonomía a través del régimen general de los artículos 143 y 144 podrían haber optado por unos órganos distintos y una forma de gobierno también diferente a la parlamentaria.

Por tanto, son las propias comunidades autónomas las que, en el ejercicio del derecho de autoorganización recogido en el artículo 148.1.1, han de encargarse de regular su propia organización político-institucional, si bien al llevarlo a cabo deberán respetar dos importantes límites:

- Los derivados de los Principios Constitucionales, en concreto los de Unidad, Igualdad y Solidaridad.

- El derivado del artículo 152 de la Constitución española, con el objeto de preservar una cierta homogeneidad organizativa.

Pese a la diversidad de posibilidades derivadas de la autoorganización, hay que reseñar, siguiendo al profesor López Guerra, que razones tales como la influencia del modelo estatal, la falta de tradición y experiencia de otras formas de gobierno, la imitación del modelo adoptado por las primeras comunidades autónomas y, sobre todo, los acuerdos autonómicos de 31 de julio de 1981, hicieron que finalmente la organización política de las comunidades autónomas fuera uniforme en todo el Estado español, por lo que en la actualidad las distintas comunidades autónomas poseen una Asamblea Legislativa, cuya denominación puede variar según la comunidad autónoma (así en Galicia, Andalucía o Cataluña se llama «Parlamento»; en Madrid, Murcia o Extremadura, «Asamblea Regional»; en Castilla-La Mancha, Castilla y León o Aragón, «Cortes»; en Asturias, «Junta General», etc.), un presidente de la comunidad y un Consejo de Gobierno que también puede variar su denominación (Madrid,

Valencia o Baleares: «Gobierno»; Extremadura y Galicia: «Junta»; Cataluña: «Consejo Ejecutivo», etcétera).

El presidente

Según el artículo 152.1 de la Constitución española, el presidente será elegido por la Asamblea, de entre sus miembros, y nombrado por el rey, al que corresponde la dirección del Consejo de Gobierno, la suprema representación de la respectiva comunidad y la ordinaria del Estado en aquella.

Designación y cese

Después de la celebración de elecciones autonómicas y en los demás supuestos en que de acuerdo con el estatuto así se prevea, se procederá a la designación del presidente de la comunidad autónoma.

Por lo que se refiere al cese, podrá deberse a razones ordinarias, como la finalización del mandato para el que fue elegido, o por razones extraordinarias que incluirían los supuestos de dimisión, fallecimiento, disolución anticipada de la Asamblea o por exigencia de responsabilidad política.

Funciones

El conjunto de funciones y facultades que tiene atribuido cada presidente de comunidad autónoma es misión que corresponde establecer al respectivo Estatuto y a las leyes de gobierno y administración que sean aprobadas por la Asamblea Legislativa.

No obstante, podemos agrupar las diversas funciones del presidente autonómico en las siguientes categorías:

A) Como supremo representante de la comunidad autónoma:

- Ostentar la alta representación de la comunidad en las relaciones con las demás instituciones del Estado y sus Administraciones.

- Convocar elecciones a la Asamblea.

- Firmar acuerdos y convenios de cooperación.

B) Como representante ordinario del Estado en la comunidad autónoma:

- Promulgar, en nombre del rey, las leyes de la Asamblea y los decretos legislativos, y ordenar su publicación en el Boletín Oficial de la comunidad autónoma, así como en el Boletín Oficial del Estado.

- Mantener relaciones con la Delegación del Gobierno a los efectos de una mejor coordinación de las actividades del Estado y las de la comunidad autónoma.

C) En su condición de presidente del Consejo de Gobierno:

- Nombrar y separar a los consejeros y, en su caso, al vicepresidente o vicepresidentes.
- Establecer las directrices generales de la acción del Gobierno.
- Convocar las reuniones del Consejo de Gobierno, fijar el orden del día, presidir, suspender y levantar sus sesiones y dirigir los debates y deliberaciones que se produzcan en su seno.
- Firmar los decretos aprobados por el Consejo de Gobierno y ordenar su publicación en el Boletín Oficial de la comunidad autónoma.
- Plantear ante la Asamblea, previa deliberación del Consejo de Gobierno, la cuestión de confianza.
- Cualquier otra facultad y atribución que le corresponda de acuerdo con la legislación vigente.

El Consejo de Gobierno

Se trata de un órgano colegiado que dirige la política de la comunidad autónoma al que se atribuyen funciones ejecutivas y administrativas, así como el ejercicio de la potestad reglamentaria en las materias no reservadas a la Asamblea.

Composición

Respecto a su composición se aprecia gran similitud con la estructura organizativa del Consejo de Ministros del Estado, distinguiéndose el presidente, el vicepresidente o vicepresidentes en su caso y los consejeros, a los que corresponde la titularidad de cada una de las Consejerías en que se divida la Administración.

La redacción inicial de los estatutos de autonomía recogía importantes y rígidos límites en la organización del Consejo de Gobierno con objetivos tales como el de garantizar la estabilidad del sistema creado o por razones de índole económica y de restricción del gasto público; así se estableció la prohibición de que el número de consejeros superase la cifra de 10 o la obligación de ser diputado de la Asamblea respectiva para poder pertenecer al Consejo de Gobierno.

Sin embargo, como pone de manifiesto López Guerra, medidas tanto legales como estatutarias han ido modificando aquel panorama inicial adoptando esquemas más flexibles, de forma que ya no se exigen las limitaciones señaladas. A ello ha contribuido la desaparición de las desconfianzas iniciales respecto a la misma viabilidad de los sistemas políticos autonómicos.

Los miembros del Consejo de Gobierno serán nombrados y cesados por el presidente, recogiéndose la responsabilidad política ante la Asamblea de forma solidaria sin perjuicio de la responsabilidad directa de cada consejero.

Por lo que se refiere a la responsabilidad penal de los miembros del Consejo de Gobierno (excepto el presidente), será exigible, dentro del ámbito territorial de su jurisdicción, ante el Tribunal Superior de Justicia de la comunidad autónoma respectiva, y, fuera del ámbito territorial de su jurisdicción, ante la Sala de lo Penal del Tribunal Supremo.

Funciones

- Dirige la política de la comunidad autónoma.

- Ejerce la función ejecutiva y administrativa, así como la potestad reglamentaria.

- Aprueba proyectos de ley.

- Acuerda la interposición de recurso de inconstitucionalidad y el planteamiento de conflictos de competencia ante el Tribunal Constitucional.

- Nombra y cesa los altos cargos de la Administración autonómica.

- Aprueba el Proyecto de Ley de Presupuestos Generales de la comunidad autónoma.

- Ejerce cualquier otra función que la legislación de desarrollo le reconozca.

La Asamblea Legislativa

La Asamblea Legislativa autonómica tiene como objeto la representación política de los ciudadanos que integran la población autonómica, el ejercicio de la potestad legislativa de la comunidad, la aprobación y el control del presupuesto, así como el impulso y seguimiento de la acción del Consejo de Gobierno, además del resto de funciones que le atribuye la Constitución, el respectivo estatuto de autonomía y las leyes de desarrollo.

Elección

La Asamblea es elegida por un período de 4 años mediante sufragio libre, igual, directo y secreto de los ciudadanos con derecho a voto, debiéndose asegurar la representación de las distintas zonas del territorio de la comunidad autónoma.

El sistema electoral es el proporcional de los mayores cocientes (llamado método D'Hondt), igual al utilizado en el Congreso de los Diputados.

El régimen de los diputados autonómicos se recoge en el estatuto de autonomía, en la respectiva Ley Electoral de la comunidad autónoma, así como en el Reglamento de la Asamblea, el cual es aprobado por mayoría absoluta de sus miembros. Estos diputados deberán respetar las normas de incompatibilidad allí establecidas, y gozarán de inviolabilidad e inmunidad en el ejercicio de sus funciones.

Organización y funcionamiento

La Asamblea Legislativa de las comunidades autónomas se organiza de forma similar al Congreso de los Diputados, distinguiendo a los grupos parlamentarios como forma de organización de los diputados, y como órganos de Gobierno al presidente de la Asamblea, la Mesa, la Junta de Portavoces y la Diputación Permanente.

Las Asambleas funcionan en Pleno y por Comisiones reuniéndose en sesiones ordinarias o extraordinarias. El Pleno está formado por todos los miembros de la Cámara y será convocado por el presidente, bien a iniciativa propia, bien a propuesta de los grupos parlamentarios. Por lo que se refiere a las Comisiones, estas podrán ser Permanentes o No Permanentes, creándose y extinguiéndose según lo disponga cada reglamento. Asimismo, se establece la posibilidad de que el Pleno delegue en Comisiones Legislativas Permanentes la aprobación de proyectos o proposiciones de ley.

Como requisitos generales para la adopción de acuerdos, la Asamblea deberá estar reunida reglamentariamente, con la asistencia de la mayoría de sus miembros, debiendo ejercer estos el voto de manera personal. Los acuerdos se adoptarán por mayoría de los miembros presentes sin perjuicio de las mayorías especiales, cualificadas o absolutas, que establezcan los estatutos de autonomía, las leyes y los reglamentos de las Cámaras.

Potestades y funciones

Las atribuciones conferidas a las Asambleas Legislativas son de muy diversa índole, pudiéndose clasificar de la forma siguiente:

a) Control del Consejo de Gobierno a través de:

- Votación de investidura.
- Aprobación o rechazo de la cuestión de confianza.
- Aprobación o rechazo de la moción de censura.
- Preguntas, interpelaciones, mociones y proposiciones no de ley.
- Comparecencia de los miembros del Consejo de Gobierno, autoridades y funcionarios.

b) Funciones legislativas:

- Solicitud al Gobierno de la Nación de adopción de proyectos de ley.

- Remisión al Congreso de los Diputados de proposiciones de ley.

- Iniciativa legislativa de carácter autonómico a través de proposiciones de ley.

- Delegación legislativa al Consejo de Gobierno.

- Tramitación de proyectos y proposiciones de ley.

c) Funciones financieras:

- Aprobación de la Ley de Presupuestos Generales de la comunidad autónoma, así como su control.

- Aprobación de la Cuenta General de la comunidad autónoma.

- Conocimiento y control de planes económicos.

- Acordar operaciones de crédito y deuda pública.

- Establecer y exigir tributos.

d) Otras funciones:

- Designación de senadores que han de representar a la comunidad autónoma, de acuerdo con el artículo 69.5 de la Constitución española.

- Interposición de recurso de inconstitucionalidad.

- Recepción de información sobre tratados y convenios internacionales que afecten a la comunidad autónoma.

- Elección de miembros de órganos de la comunidad autónoma como, por ejemplo: consejos de administración de televisiones autonómicas, tribunales de cuentas regionales allí donde existan, etcétera.

1.4.3. Relaciones de las comunidades autónomas con el Estado

Las relaciones de las Administraciones públicas deben respetar una serie de principios y actuar de acuerdo con los siguientes preceptos:

a) Respetar el ejercicio legítimo por las otras Administraciones de sus competencias.

b) Ponderar, en el ejercicio de las competencias propias, la totalidad de los intereses públicos implicados y, en concreto, aquellos cuya gestión esté encomendada a las otras Administraciones.

c) Facilitar a las otras Administraciones la información que precisen sobre la actividad que desarrollen en el ejercicio de sus propias competencias.

d) Prestar, en el ámbito propio, la cooperación y asistencia activas que las otras Administraciones pudieran recabar para el eficaz ejercicio de sus competencias.

La Administración General del Estado, las de las comunidades autónomas y las entidades que integran la Administración local deberán colaborar y auxiliarse para aquellas ejecuciones de sus actos que hayan de realizarse fuera de sus respectivos ámbitos territoriales de competencias.

En las relaciones entre la Administración General del Estado y la Administración de las comunidades autónomas, el contenido del deber de colaboración se desarrollará a través de los instrumentos y procedimientos que, de manera común y voluntaria, establezcan tales Administraciones.

Cuando estas relaciones, en virtud del principio de cooperación, tengan como finalidad la toma de decisiones conjuntas que permitan, en aquellos asuntos que afecten a competencias compartidas o exijan articular una actividad común entre ambas Administraciones, una actividad más eficaz de los mismos, se ajustarán a los instrumentos y procedimientos de cooperación (Título III Ley 40/2015, de 1 de octubre, de Régimen Jurídico del Sector Público).

La Administración General del Estado y la Administración de las comunidades autónomas pueden crear órganos para la cooperación entre ambas, de composición bilateral o multilateral, de ámbito general o de ámbito sectorial, en aquellas materias en las que exista interrelación competencial, y con funciones de coordinación o cooperación según los casos.

A efectos de lo establecido en el presente capítulo, no tienen la naturaleza de órganos de cooperación aquellos órganos colegiados creados por la Administración General del Estado para el ejercicio de sus competencias en cuya composición se prevea que participen representantes de la Administración de las comunidades autónomas con la finalidad de consulta.

Los órganos de cooperación de composición bilateral y de ámbito general que reúnan a miembros del Gobierno, en representación de la Administración General del Estado, y a miembros del Consejo de Gobierno, en representación de la Administración de la respectiva comunidad autónoma, se denominan Comisiones Bilaterales de Cooperación. Su creación se efectúa mediante un acuerdo que determina los elementos esenciales de su régimen.

Los órganos de cooperación de composición multilateral y de ámbito sectorial que reúnen a miembros del Gobierno, en representación de la Administración

General del Estado, y a miembros de los Consejos de Gobierno, en representación de las Administraciones de las comunidades autónomas, se denominan Conferencias Sectoriales. El régimen de cada Conferencia Sectorial es el establecido en el correspondiente acuerdo de institucionalización y en su reglamento interno.

La convocatoria de la conferencia se realizará por el ministro o ministros que tengan competencias sobre la materia que vaya a ser objeto de la Conferencia Sectorial. La convocatoria se hará con antelación suficiente y se acompañará del orden del día y, en su caso, de la documentación precisa para la preparación previa de la conferencia.

Los acuerdos que se adopten en una Conferencia Sectorial se firmarán por el ministro o ministros competentes y por los titulares de los órganos de Gobierno correspondientes de las comunidades autónomas. En su caso, estos acuerdos podrán formalizarse bajo la denominación de Convenio de Conferencia Sectorial.

Las Conferencias Sectoriales podrán acordar la creación de comisiones y grupos de trabajo para la preparación, estudio y desarrollo de cuestiones concretas propias del ámbito material de cada una de ellas.

La Administración General y los organismos públicos vinculados o dependientes de la misma podrán celebrar convenios de colaboración con los órganos correspondientes de las Administraciones de las comunidades autónomas en el ámbito de sus respectivas competencias.

Los instrumentos de formalización de los convenios deberán especificar, cuando así proceda:

a) Los órganos que celebran el convenio y la capacidad jurídica con la que actúa cada una de las partes.

b) La competencia que ejerce cada Administración.

c) Su financiación.

d) Las actuaciones que se acuerden desarrollar para su cumplimiento.

e) La necesidad o no de establecer una organización para su gestión.

f) El plazo de vigencia, lo que no impedirá su prórroga si así lo acuerdan las partes firmantes del convenio.

g) La extinción por causa distinta a la prevista en el apartado anterior, así como la forma de terminar las actuaciones en curso para el supuesto de extinción.

Igualmente, la Administración General del Estado y la Administración de las comunidades autónomas pueden acordar la realización de planes y programas conjuntos de actuación para el logro de objetivos comunes en materia en las que ostenten competencias concurrentes.

Dentro del respectivo ámbito sectorial, corresponde a las Conferencias Sectoriales la iniciativa para acordar la realización de planes o programas conjuntos, la aprobación de su contenido, así como el seguimiento y evaluación multilateral de su puesta en práctica.

El acuerdo aprobatorio de planes o programas conjuntos debe especificar, según su naturaleza, los siguientes elementos de su contenido:

- Los objetivos de interés común que cumplir.
- Las actuaciones pendientes de desarrollar por cada Administración.
- Las aportaciones de medios personales y materiales de cada Administración.
- Los compromisos de aportación de recursos financieros.

Los convenios de Conferencia Sectorial y los convenios de colaboración en ningún caso suponen la renuncia a las competencias propias de las Administraciones intervinientes, obligarán a las Administraciones intervinientes desde el momento de su firma, salvo que en ellos se establezca otra cosa, y serán comunicados al Senado. Ambos tipos de convenios deberán publicarse en el «Boletín Oficial del Estado» y en el «Diario Oficial» de la comunidad autónoma respectiva.

1.5. La Administración local

1.5.1. Clases de entidades locales

La clave del arco de la Constitución, y desde luego del Título VIII, sobre la organización territorial del Estado, fueron las comunidades autónomas y, así, la Administración local quedó un tanto apagada. Se ha venido indicando, por ello, por algún autor, que la autonomía local carece de una garantía constitucional precisa. Ahora bien, lo que sí que debemos destacar es que, en todo caso, nuestro ordenamiento constitucional consagra tres principios fundamentales en relación con la Administración local:

1. La autonomía de las entidades locales y personalidad jurídica para la gestión de sus intereses.
2. El carácter representativo y democrático de los órganos de gobierno de las corporaciones.
3. La suficiencia de las Haciendas locales.

El artículo 137 de la Constitución establece que: «El Estado se organiza territorialmente en municipios, en provincias, y en las comunidades autónomas que se constituyan», y precisa de forma inequívoca que «todas estas entidades gozan de autonomía para la gestión de sus respectivos intereses». Esta solemne declaración de autonomía se reitera en otros preceptos del texto constitucional. En efecto, el artículo 140 de la Constitución «garantiza la autonomía de los municipios», estableciendo, además, que los mismos «gozarán de personalidad jurídica plena». Con sentido y alcance muy similares, el artículo 141 configura la provincia como una entidad local con personalidad jurídica propia, y se atribuye su gobierno y administración autónoma a las diputaciones, aunque sin olvidar esa otra característica de la provincia, la de división territorial para el cumplimiento de las actividades del Estado.

En tales preceptos constitucionales aparecen nítidamente perfilados los dos rasgos típicos que configuran una auténtica descentralización:

- La existencia de intereses peculiares o específicos de los entes locales.
- La gestión de tales intereses por órganos independientes y con personalidad jurídica propia.

De esta suerte, queda plenamente reconocida en nuestro ordenamiento constitucional la autonomía municipal.

Ahora bien, el artículo 137 delimita el ámbito de estos poderes autónomos, circunscribiéndolos a la gestión de sus respectivos intereses. Por tal razón, es indispensable dotar a los entes locales de todas las competencias necesarias para satisfacer sus intereses respectivos: los del municipio o los de la provincia. Por el contrario, cuando se incida sobre intereses generales de la nación, es incuestionable la posición de superioridad del Estado, como ha puntualizado nuestro Tribunal Constitucional, que en su STC, de 2 de febrero de 1981, fija las que considera las características fundamentales de la autonomía local que podemos resumir así: la CE garantiza el principio de autonomía de los municipios y provincias, y la función del TC ha de consistir en delimitar el ámbito del mismo en «fijar unos límites cuya inobservancia constituiría una negación del principio».

La autonomía hace referencia a un poder limitado, pues autonomía no es soberanía y en ningún caso el principio de autonomía puede oponerse al de unidad, sino que es dentro de este donde alcanza su verdadero sentido. En definitiva, puede afirmarse que la autonomía tiene unos límites mínimos y otros máximos, cuyo desconocimiento supondría la vulneración del principio por defecto (principio de autonomía) o por exceso (principio de unidad e interés general). Las CC. AA. serían entidades territoriales dotadas de una autonomía «cualitativamente superior a la administrativa», propia de las entidades locales territoriales.

La CE en el artículo 137, circunscribe el principio de autonomía de los entes locales a la gestión de sus respectivos intereses. Ahora bien, concretar ese interés en relación con cada materia no es fácil, y, en ocasiones, solo puede llegarse a distribuir la competencia sobre la misma en función del interés predominante, pero sin que ello signifique un interés exclusivo.

Será la ley estatal o autonómica la que concrete el «Principio de autonomía de cada tipo de ente, de acuerdo con la CE», pero el TC, al enjuiciar la conformidad de las leyes con la CE habrá de determinar si se está ante un supuesto de competencia exclusiva o de competencias compartidas entre diversos entes, debiendo asegurarse en este caso de que la participación del ente local en la competencia lo sea en proporción a su interés.

Por último, la posición de superioridad del Estado y CC. AA. respecto de la Administración local permite afirmar que el principio de autonomía es compatible con la existencia de un control de legalidad sobre el ejercicio de la competencia. Ahora bien, la autonomía quedaría afectada si la decisión correspondiente a la gestión de los respectivos intereses «fuera objeto de control de oportunidad».

1.5.2. Regulación de la Administración local

La Ley 7/1985, de 2 de abril, reguladora de las Bases del Régimen Local reformada por Ley 27/2013, de 27 de diciembre, de racionalización y sostenibilidad de la Administración local establece que:

1. Son entidades locales territoriales:

    a) El municipio.

    b) La provincia.

    c) La isla, en los archipiélagos balear y canario.

2. Gozan, asimismo, de la condición de entidades locales:

    a) Las comarcas u otras entidades que agrupen varios municipios, instituidas por las comunidades autónomas de conformidad con esta ley y los correspondientes estatutos de autonomía.

    b) Las áreas metropolitanas.

    c) Las mancomunidades de municipios.

El municipio

Los municipios son entidades básicas de la organización territorial del Estado y cauces inmediatos de participación ciudadana en los asuntos públicos, que institucionalizan y gestionan con autonomía los intereses propios de las correspondientes colectividades.

El municipio tiene personalidad jurídica y plena capacidad para el cumplimiento de sus fines. Son elementos del municipio el territorio, la población y la organización. El término municipal es el territorio en que el ayuntamiento ejerce sus competencias, y cada municipio pertenecerá a una sola provincia.

La provincia

La provincia es una entidad local determinada por la agrupación de municipios, con personalidad jurídica propia y plena capacidad para el cumplimiento de sus fines. Son fines propios y específicos de la provincia garantizar los principios de solidaridad y equilibrio intermunicipales, en el marco de la política económica y social y, en particular:

a) Asegurar la prestación integral y adecuada en la totalidad del territorio provincial de los servicios de competencia municipal.

b) Participar en la coordinación de la Administración local con la de la comunidad autónoma y la del Estado.

La organización provincial responde a las siguientes reglas:

1. El presidente, los vicepresidentes, la Junta de Gobierno y el Pleno existen en todas las diputaciones.

2. Asimismo, existirán en todas las diputaciones órganos que tengan por objeto el estudio, informe o consulta de los asuntos que han de ser sometidos a la decisión del Pleno, así como el seguimiento de la gestión del presidente, la Junta de Gobierno y los diputados que ostenten delegaciones, siempre que la respectiva legislación autonómica no prevea una forma organizativa distinta en este ámbito y sin perjuicio de las competencias de control que corresponden al Pleno. Todos los grupos políticos integrantes de la corporación tendrán derecho a participar en dichos órganos, mediante la presencia de diputados pertenecientes a los mismos, en proporción al número de diputados que tengan en el Pleno.

3. El resto de los órganos complementarios de los anteriores se establece y regula por las propias diputaciones. No obstante, las leyes de las comunidades autónomas sobre régimen local podrán establecer una organización provincial complementaria de la prevista en este texto legal.

Existen en el ámbito local una serie de regímenes especiales.

- Los órganos forales de Álava, Guipúzcoa y Vizcaya conservan su régimen peculiar en el marco del Estatuto de Autonomía de la Comunidad Autónoma del País Vasco. No obstante, las disposiciones de la presente ley les serán de aplicación con carácter supletorio.

- Las comunidades autónomas uniprovinciales y la Foral de Navarra asumen las competencias, medios y recursos que corresponden en el régimen ordinario a las diputaciones provinciales. Se exceptúa la comunidad autónoma de las Islas Baleares en los términos de su estatuto propio.

- Los cabildos insulares canarios, como órganos de gobierno, administración y representación de cada isla, se rigen por las normas contenidas en la disposición adicional decimocuarta de esta ley y supletoriamente por las normas que regulan la organización y funcionamiento de las diputaciones provinciales, asumiendo las competencias de estas, sin perjuicio de lo dispuesto en el Estatuto de Autonomía de Canarias. En el archipiélago canario subsisten las mancomunidades provinciales interinsulares exclusivamente como órganos de representación y expresión de los intereses provinciales. Integran dichos órganos los presidentes de los cabildos insulares de las provincias correspondientes, presidiéndolos el del cabildo de la isla en que se halle la capital de la provincia. Los consejos insulares de las Islas Baleares, a los que son de aplicación las normas de esta ley que regulan la organización y funcionamiento de las diputaciones provinciales, asumen sus competencias de acuerdo con lo dispuesto en esta ley y las que les correspondan, de conformidad con el Estatuto de Autonomía de Baleares.

1.5.3. Competencias municipales

Los municipios deberán prestar, en todo caso, los servicios siguientes:

a) En todos los municipios: alumbrado público, cementerio, recogida de residuos, limpieza viaria, abastecimiento domiciliario de agua potable, alcantarillado, acceso a los núcleos de población y pavimentación de las vías públicas.

b) En los municipios con población superior a 5000 habitantes, además: parque público, biblioteca pública y tratamiento de residuos.

c) En los municipios con población superior a 20 000 habitantes, además: Protección Civil, evaluación e información de situaciones de necesidad social y atención inmediata a personas en situación o riesgo de exclusión social, prevención y extinción de incendios e instalaciones deportivas de uso público.

d) En los municipios con población superior a 50 000 habitantes, además: transporte colectivo urbano de viajeros y medio ambiente urbano.

En los municipios con población inferior a 20 000 habitantes será la diputación provincial o entidad equivalente la que coordinará la prestación de los siguientes servicios:

a) Recogida y tratamiento de residuos.

b) Abastecimiento de agua potable a domicilio y evacuación y tratamiento de aguas residuales.

c) Limpieza viaria.

d) Acceso a los núcleos de población.

e) Pavimentación de vías urbanas.

f) Alumbrado público.

El Estado y las comunidades autónomas, en el ejercicio de sus respectivas competencias, podrán delegar en los municipios el ejercicio de sus competencias.

La delegación habrá de mejorar la eficiencia de la gestión pública, contribuir a eliminar duplicidades administrativas y ser acorde con la legislación de estabilidad presupuestaria y sostenibilidad financiera.

La delegación deberá determinar el alcance, contenido, condiciones y duración de esta, que no podrá ser inferior a cinco años, así como el control de eficiencia que se reserve la Administración delegante y los medios personales, materiales y económicos que esta asigne, sin que pueda suponer un mayor gasto de las Administraciones públicas.

La delegación deberá acompañarse de una memoria económica donde se justifiquen los principios a que se refiere del artículo 27 de Ley 7/1985, de 2 de abril, reguladora de las Bases del Régimen Local, y se valore el impacto en el gasto de las Administraciones públicas afectadas sin que, en ningún caso, pueda conllevar un mayor gasto de las mismas.

Con el objeto de evitar duplicidades administrativas, mejorar la transparencia de los servicios públicos y el servicio a la ciudadanía y, en general, contribuir a los procesos de racionalización administrativa, generando un ahorro neto de recursos, la Administración del Estado y las de las comunidades autónomas podrán delegar, siguiendo criterios homogéneos, entre otras, las siguientes competencias:

a) Vigilancia y control de la contaminación ambiental.

b) Protección del medio natural.

c) Prestación de los servicios sociales, promoción de la igualdad de oportunidades y la prevención de la violencia contra la mujer.

d) Conservación o mantenimiento de centros sanitarios asistenciales de titularidad de la comunidad autónoma.

e) Creación, mantenimiento y gestión de las escuelas infantiles de educación de titularidad pública de primer ciclo de Educación Infantil.

f) Realización de actividades complementarias en los centros docentes.

g) Gestión de instalaciones culturales de titularidad de la comunidad autónoma o del Estado, con estricta sujeción al alcance y condiciones que derivan del artículo 149.1.28.ª de la Constitución española.

h) Gestión de las instalaciones deportivas de titularidad de la comunidad autónoma o del Estado, incluyendo las situadas en los centros docentes cuando se usen fuera del horario lectivo.

i) Inspección y sanción de establecimientos y actividades comerciales.

j) Promoción y gestión turística.

k) Comunicación, autorización, inspección y sanción de los espectáculos públicos.

l) Liquidación y recaudación de tributos propios de la comunidad autónoma o del Estado.

m) Inscripción de asociaciones, empresas o entidades en los registros administrativos de la comunidad autónoma o de la Administración del Estado.

n) Gestión de oficinas unificadas de información y tramitación administrativa.

o) Cooperación con la Administración educativa a través de los centros asociados de la Universidad Nacional de Educación a Distancia.

Competencias provinciales

Son competencias propias de la diputación o entidad equivalente las que le atribuyan en este concepto las leyes del Estado y de las comunidades autónomas en los diferentes sectores de la acción pública y, en todo caso, las siguientes:

a) La coordinación de los servicios municipales entre sí para la garantía de la prestación integral y adecuada a que se refiere el apartado a) del número 2 del artículo 31.

b) La asistencia y cooperación jurídica, económica y técnica a los municipios, especialmente los de menor capacidad económica y de gestión. En todo caso garantizará en los municipios de menos de 1000 habitantes la prestación de los servicios de secretaría e intervención.

c) La prestación de servicios públicos de carácter supramunicipal y, en su caso, supracomarcal y el fomento o, en su caso, coordinación de la prestación unificada de servicios de los municipios de su respectivo ámbito territorial. En particular, asumirá la prestación de los servicios de tratamiento de residuos en los municipios de menos de 5000 habitantes, y de prevención y extinción de incendios en los de menos de 20 000 habitantes, cuando estos no procedan a su prestación.

d) La cooperación en el fomento del desarrollo económico y social y en la planificación en el territorio provincial, de acuerdo con las competencias de las demás Administraciones públicas en este ámbito.

e) El ejercicio de funciones de coordinación en los casos previstos en el artículo 116 bis.

f) La asistencia en la prestación de los servicios de gestión de la recaudación tributaria, en período voluntario y ejecutivo, y de servicios de apoyo a la gestión financiera de los municipios con población inferior a 20 000 habitantes.

g) La prestación de los servicios de administración electrónica y la contratación centralizada en los municipios con población inferior a 20 000 habitantes.

h) El seguimiento de los costes efectivos de los servicios prestados por los municipios de su provincia. Cuando la diputación detecte que estos costes son superiores a los de los servicios coordinados o prestados por ella, ofrecerá a los municipios su colaboración para una gestión coordinada más eficiente de los servicios que permita reducir estos costes.

i) La coordinación, mediante convenio con la comunidad autónoma respectiva, de la prestación del servicio de mantenimiento y limpieza de los consultorios médicos en los municipios con población inferior a 5000 habitantes.

1.6. Fuentes del derecho

El concepto de fuentes del derecho administrativo es el mismo en esta rama del derecho que en el resto del ordenamiento jurídico. Por ello, a la hora de iniciar el estudio de dichas fuentes, se hace preciso hacer una referencia, aunque sea escueta, a la conceptuación de las fuentes del derecho.

Existe en la doctrina un doble concepto de fuentes del derecho: el que sostiene la mayoría de la doctrina que identifica las fuentes con las formas en que el derecho se manifiesta (ley, costumbre, etc., fuentes de manifestación) y el que ha sido sostenido por sectores minoritarios, que conceptúan las fuentes como los órganos o fuerzas sociales que producen el derecho (fuentes de producción). Analicémoslo:

- Fuente como origen del derecho positivo (fuente de producción). Si admitimos que fuente equivale a principio, fundamento u origen, cuando hablemos de fuentes del derecho positivo habrá que entender, primeramente, que nos referimos a la entidad donde el derecho principal, se funda o se origina, el punto donde el derecho nace; en una palabra, el organismo que establece las normas positivas. Defienden este concepto autores como Biondi y De Castro, los cuales entienden que es fuente de derecho cada fuerza social con facultad normativa creadora. Así, fuentes del derecho serán realmente los órganos de donde emanan las normas: el poder legislativo, el pueblo legislando sin propósito preconcebido y los jurisperitos autorizados para producir derecho o cuya labor se acepte como tal.

- Fuente como manifestación del derecho positivo (fuente de manifestación o conocimiento). La gran mayoría de la doctrina y el mismo derecho positivo emplean siempre la palabra fuentes para referirse a las formas o modos en que el derecho positivo se manifiesta (según el artículo 1 del Código Civil, las fuentes del ordenamiento jurídico español son: la ley, la costumbre y los principios generales del derecho). Defienden este concepto autores como Ferrara, Stolfi y Ruggiero. Así, para Ferrara son fuentes del derecho «los modos en que el derecho surge y adquiere ser: fundamentalmente, la ley y la costumbre».

Concretando la cuestión respecto a nuestro derecho, hemos de señalar como fuentes:

- La Constitución, que es objeto específico de tratamiento en otros temas del programa. Basta decir aquí que la Constitución, en sentido material, es la norma en donde se contienen los principios estructurales de la organización política del Estado, mientras que, en sentido formal, que es el que a la hora de su jerarquización nos interesa más, se entiende por Constitución la norma de superior rango en la que se fundamentan y a la que están subordinadas todas las demás. Este sentido es, desde luego, aplicable a nuestro país, ya que la vigente Constitución de 1978 no lo es únicamente en sentido material, sino también en sentido formal. En tanto en cuanto la Constitución contiene preceptuaciones relativas a la Administración y a sus relaciones con el administrado, podemos considerarla como fuente del derecho administrativo y, concretamente, como su norma superior.

- Los tratados internacionales son acuerdos vinculantes celebrados entre Estados soberanos y, aparte de su faceta principal de fuentes del derecho internacional, en ocasiones son fuente del derecho administrativo interno, ya que establecen regulaciones sobre las relaciones de las Administraciones de los países signatarios con sus ciudadanos. Tradicionalmente se consideraba que los TT. II. eran una fuente indirecta y que ocupaban, por tanto, un lugar subalterno respecto a las fuentes directas. Sin embargo, en nuestro derecho, la reforma del Código Civil de 1973 preceptuó que los tratados internacionales serían de aplicación directa una vez que hubieran entrado a formar parte del ordenamiento interno mediante su publicación íntegra en el Boletín Oficial del Estado (art. 1.5). Este papel de fuente del ordenamiento interno se ha constitucionalizado en el artículo 96 CE, el cual dispone que los tratados internacionales válidamente celebrados, una vez publicados oficialmente, formarán parte del ordenamiento jurídico interno.

- Son fuentes también en nuestro derecho, por supuesto, la ley, el reglamento, la costumbre y los principios generales del derecho, a los cuales el tema se refiere en epígrafes expresos que abordaremos a continuación, no sin hacer antes una breve referencia al derecho comunitario, diciendo que todos los países miembros de la Comunidad Europea, y España como uno de ellos, han experimentado desde su ingreso en aquella una alteración de su sistema de fuentes, en el que ha penetrado el derecho comunitario. Como características fundamentales del sistema de relaciones entre los derechos internos y el derecho comunitario señala Mónaco las siguientes:

1.ª El ordenamiento comunitario es, como tal, autónomo e independiente de los ordenamientos de los Estados miembros de la Comunidad.

2.ª Dicho ordenamiento tiene fuentes propias de producción del derecho.

3.ª El derecho comunitario se integra en el derecho interno, no a través de una coordinación horizontal, sino de una relación vertical, por lo que están destinados a confundirse progresivamente, incluso porque las personas físicas y jurídicas de los Estados miembros son al mismo tiempo sujetos del ordenamiento comunitario y del ordenamiento interno.

4.ª Las normas comunitarias que cumplen determinados requisitos tienen eficacia inmediata en el ordenamiento interno de los Estados miembros, lo que lleva a afirmar que no se da siempre una separación entre el ordenamiento comunitario y el ordenamiento estatal.

1.6.1. La ley

Las leyes del Parlamento del Estado

Las leyes del Parlamento del Estado constituyen la fuente ordinaria suprema después de la Constitución. Esta superior jerarquía de las leyes del Parlamento del Estado proviene, como afirma Martínez Sospedra, de su especial legitimidad, que les viene conferida, tanto por los rasgos distintivos del órgano constitucional que las elabora y aprueba como por el procedimiento público y, frecuentemente, contradictorio, mediante el que irrumpe en el campo del derecho.

La Constitución distingue, al lado de las leyes parlamentarias ordinarias, otras que denomina orgánicas, novedad en la Constitución de 1978, y se denominan así porque aparecen por primera vez en Francia en la Constitución de 1958 regulando los órganos constitucionales del Estado. Son leyes orgánicas las relativas al desarrollo de los derechos fundamentales y de las libertades públicas, las que aprueban los estatutos de autonomía de las diversas comunidades autónomas y el régimen electoral general y las demás que la Constitución prevé, como, por ejemplo, las bases de la organización militar, del Defensor del Pueblo, las de suspensión de determinados derechos, etcétera.

La característica esencial de estas leyes se encuentra en razón de la importancia de las materias que regulan y en que la aprobación, modificación o derogación de las mismas exigirá mayoría absoluta, que no es necesaria para las leyes ordinarias.

En realidad, la cuestión no es de jerarquía, sino de competencia, y es en función de este principio y no de aquel como debe resolverse el problema. No se trata de que la ley ordinaria tenga menor rango que la orgánica, sino de que aquella no puede regular determinadas materias porque la CE las reserva para la ley orgánica. De este modo, si una ley ordinaria contradice la regulación de una ley orgánica en materia reservada a esta última por la CE, la invalidez de la primera no deriva de su supuesto rango inferior, sino de la vulneración del precepto constitucional que consagró tal reserva, cuya infracción legitima precisamente su posible enjuiciamiento por el TC, en virtud del recurso de inconstitucionalidad.

Dentro de las leyes orgánicas la doctrina ha distinguido una categoría especial: los estatutos de autonomía. Según parte de la doctrina, tendrían una jerarquía superior al resto de las leyes estatales, tanto orgánicas como ordinarias, arguyendo que las leyes del Estado no pueden modificar ni alterar el contenido del estatuto; si así lo hicieran podrían ser impugnadas ante el TC, ya que la reforma de los EE. AA. se debe ajustar a trámites especiales distintos de los que se exigen para llevar a cabo la modificación o derogación de las leyes ordinarias y de las orgánicas.

Frente a esta postura se ha objetado que, dadas las singularidades que concurren en los procedimientos de elaboración, tramitación, aprobación y modificación de los EE. AA., la ley estatal que los modificara prescindiendo de tales cauces sería sin duda anticonstitucional, pero esto ocurriría no ya por un problema de jerarquía, sino por no haberse ajustado al procedimiento expresa o implícitamente previsto en la Constitución.

Esta última postura es la que ha de considerarse más acertada. En definitiva, las leyes que aprueban y sobre todo las que modifican los EE. AA. tienen en común, en relación con el resto de las leyes orgánicas, el hecho de necesitar ser aprobadas por mayoría absoluta del Congreso, pero poco más. Constituyen, pues, sobre todo a partir del momento de su aprobación, una categoría especial de normas, que dudosamente se puede identificar con el resto de las leyes estatales, aunque es claro que no están supraordenadas ni infraordenadas a ellas; simplemente, son distintas y tratan de cuestiones diferentes, por lo que parece que el criterio que se tiene que aplicar debe ser, una vez más, el de competencia, y no el de jerarquía.

Por su parte, las leyes ordinarias pueden ser de Pleno o de Comisión (artículos 66.2 y 75.2 y 3 y 87 y siguientes de la CE), y hay que tener en cuenta también como modalidades legislativas:

- La Ley de Presupuestos (art. 134 CE).

- Las leyes básicas o de bases (art. 149.1 CE, no confundir con la ley de bases del art. 86 CE).

- Las leyes de armonización (art. 150.3 CE) y leyes marco (art. 150.1 CE).

Las leyes de las comunidades autónomas

La posibilidad de que las comunidades autónomas realicen la función legislativa resulta indiscutible a la vista de lo dispuesto en la CE (arts. 149, 150.1, 152, 153 y ss.).

Sin embargo, y como señala García de Enterría, es más adecuado decir que la CE deja abierta la posibilidad de que las CC. AA. tengan o no potestad legislativa, según si la misma les está atribuida o no en sus respectivos EE. AA., pero sin que la CE consagre en todo caso dicha función normativa. En la práctica, como es sabido, en los EE. AA. de las distintas CC. AA. se han asumido tanto potestades legislativas como reglamentarias.

En cuanto a la problemática referida a la jerarquización de las normas de las CC. AA., existe una primera postura bastante extendida, que considera que ni las normas con fuerza de ley ni las reglamentarias de las CC. AA. están jerarquizadas con las del Estado, que deberán siempre tratar de distintas materias. Por tanto, si una norma estatal chocase con otra de una CC. AA. (o viceversa), no debe deslindarse el conflicto a través de la primacía de la norma de mayor rango de las dos, sino que en realidad lo que ha ocurrido es que una de las dos normas ha invadido las competencias que la Constitución reserva a la otra, y el conflicto se produciría, pues, no entre las dos normas consideradas, sino entre una de estas normas y la Constitución, con la lógica primacía de esta y la consiguiente inconstitucionalidad de la norma invasora.

Esta postura resulta, sin embargo, demasiado simplista, y su aceptación abocaría, por otra parte, a que no tuviera sentido la preceptuación del artículo 149.3 de la CE, que establece la primacía del derecho estatal en todo lo que no esté atribuido a la exclusiva competencia de las CC. AA. Existe un sector doctrinal que considera que la primacía del derecho estatal se da principalmente en aquellas materias en que al Estado le corresponde el dictado de la legislación básica y a las CC. AA. su desarrollo. Entendemos que, sin perjuicio de la primacía de la legislación básica estatal sobre la que dicten las CC. AA. para su desarrollo, primacía que se desprende, por otra parte, del propio concepto de legislación básica, el art. 149.3 de la Constitución ha de entenderse referido fundamentalmente a la legislación concurrente, es decir, a aquellas materias coincidentes sobre las que con idéntico carácter ordinario pueden legislar tanto el Estado como las CC. AA., en base a las competencias atribuidas por la Constitución.

Recordemos que dicha concurrencia podía producirse bien porque la Constitución atribuyese una materia de forma repetida tanto al Estado como a las CC. AA. (p. ej.: cultura), o, lo que es más frecuente, porque se produzca una conexión entre materias en principio atribuidas como diferentes a los dos tipos de entidades (p. ej.: regulación de armas y caza, propiedad y urbanismo, planificación de la economía e industria, etcétera).

De todo lo dicho al respecto, que ha sido mucho y diverso, hay que concluir que, cuando las CC. AA. legislan sobre materias que realmente sean de su exclusiva competencia, su legislación no estará jerarquizada con la del Estado, siendo esta inconstitucional si invade dichas competencias (principio de competencia).

Por el contrario, la legislación del Estado tendrá primacía en aquellas materias en las que corresponde el dictado de la legislación básica y aquellas otras concurrentes en las que, cualquiera que sea la denominación de su atribución competencial a las CC. AA. (incluso si están asumidas en los EE. AA. como exclusivas), el Estado puede, lícitamente, asumir funciones legislativas al amparo de las amplias cláusulas competenciales que le atribuye el artículo 149.1 de la Constitución.

Así pues, parece claro que lo que no puede hacer nunca el Estado es invadir las competencias autonómicas (excederse de lo básico o entrar a regular como supletorio sin título competencial), y que su potestad legislativa tiene límites competenciales derivados de la propia Constitución.

Disposiciones normativas con fuerza de ley

El Gobierno tiene formalmente atribuida, al margen de su potestad reglamentaria, la facultad de dictar normas con rango de ley bajo las fórmulas de decretos leyes y decretos legislativos.

Decretos leyes

Aparecen a finales del siglo XIX y se hacen práctica común a partir de la Primera Guerra Mundial, justificándose inicialmente en la concurrencia de circunstancias excepcionales, para pasar después a legitimarse en función de la simple urgencia o como alternativa forzada a la lentitud del trabajo parlamentario.

En nuestro derecho, los decretos leyes ya fueron admitidos por la Constitución de 1931 y, a pesar de las críticas en su utilización, han sido recogidos en el artículo 86 de la Constitución, aunque restrictivamente.

La primera condición para utilizar un decreto ley es que el Gobierno entienda que está ante un caso de extraordinaria y urgente necesidad, entonces el Gobierno podrá dictar disposiciones legislativas provisionales que tomarán la forma de decretos leyes y que no podrán afectar al ordenamiento de las instituciones básicas del Estado; a los derechos, deberes y libertades de los ciudadanos regulados en el Título Primero; al régimen de las comunidades autónomas; ni al derecho electoral general.

Los decretos leyes deberán ser inmediatamente sometidos a debate y votación de la totalidad al Congreso de los Diputados, convocado al efecto si no estuviere reunido, en el plazo de los treinta días siguientes a su promulgación. El Congreso habrá de pronunciarse expresamente dentro de dicho plazo sobre su convalidación o derogación, para lo cual el reglamento establecerá un procedimiento especial y sumario.

Durante ese plazo de 30 días, las Cortes podrán tramitarlos como proyectos de ley por el procedimiento de urgencia.

Decretos legislativos

El artículo 85 de la CE dice que las disposiciones del Gobierno que contengan legislación delegada recibirán el título de decretos legislativos. Para que el decreto legislativo no sea un simple reglamento y tenga valor de ley se requiere una previsión anticipada del Parlamento, previniendo y aceptando esa conversión en ley de lo que no sería más que un reglamento, lo cual se hace por un tipo de leyes conocidas como leyes de delegación o autorización. En este sentido, el Parlamento, o bien delega en el Gobierno la facultad de desarrollar con fuerza de ley los principios contenidos en una ley de bases (textos articulados), o bien autoriza al Gobierno para refundir el contenido de otras leyes en un único texto (textos refundidos).

Los requisitos de la delegación están contenidos en los artículos 82 y 83 de la CE y son:

- Las Cortes Generales podrán delegar en el Gobierno la potestad de dictar normas con rango de ley sobre materias determinadas, salvo las que deban ser reguladas por ley orgánica, a saber, las relativas al desarrollo de los derechos fundamentales y de las libertades públicas, las que aprueben los estatutos de autonomía y el régimen electoral general y las demás previstas en la Constitución.

- La delegación legislativa deberá otorgarse mediante una ley de bases cuando su objeto sea la formación de textos articulados, o por una ley ordinaria cuando se trate de refundir varios textos legales en uno solo.

- La delegación legislativa habrá de otorgarse al Gobierno de forma expresa para materia concreta y con fijación del plazo para su ejercicio. La delegación se agota por el uso que de ella haga el Gobierno mediante la publicación de la norma correspondiente. No podrá entenderse concedida de modo implícito o por tiempo indeterminado. Tampoco podrá permitir la subdelegación a autoridades distintas del propio Gobierno.

- Las leyes de bases delimitarán con precisión el objeto y alcance de la delegación legislativa y los principios y criterios que han de seguirse en su ejercicio. Las leyes de bases no podrán en ningún caso autorizar la modificación de la propia ley de bases ni facultar para dictar normas con carácter retroactivo.

- La autorización para refundir textos legales determinará el ámbito normativo al que se refiere el contenido de la delegación, especificando si se circunscribe a la mera formulación de un texto único o si se incluye la de regularizar, aclarar y armonizar los textos legales que han de ser refundidos.

- Sin perjuicio de la competencia propia de los tribunales, las leyes de delegación podrán establecer en cada caso fórmulas adicionales de control.

En cuanto a los efectos, son los siguientes:

1. Tanto los textos articulados como los refundidos tienen valor de normas con rango de ley siempre y cuando se acomoden a los términos de la delegación, siendo nulos en todo lo que se extralimiten (efecto *ultra vires* en terminología acuñada por el profesor Ignacio de Otto).

2. Una vez ejercitadas las facultades conferidas por la ley de delegación, no cabe volver sobre ellas. Las modificaciones posteriores del texto articulado o refundido deberán hacerse por una norma con rango de ley o una nueva delegación.

En cuanto al control acerca del correcto uso de la delegación, el artículo 82.6 CE está reconociendo la posibilidad de impugnar, a través del recurso contencioso-administrativo, los textos articulados y los textos refundidos. Dicha excepción a su naturaleza de normas con fuerza de ley, sobre las que los jueces ordinarios no pueden enjuiciar su validez, se explica porque la impugnación ha de reducirse justamente a aquellos extremos de los decretos legislativos que vulneren la ley de delegación.

Como formas adicionales de control, aparte del operado por el Tribunal Constitucional en los términos establecidos para las demás leyes, debe mencionarse también el control *a priori*, que se cumple con la exigencia de informe preceptivo del Consejo de Estado. Dentro de las modalidades de control está la ratificación parlamentaria de los decretos legislativos que la ley de delegación puede establecer, sistema que se empleó para la comprobación, si bien con carácter formulario, de la acomodación del texto del Código Civil a las bases con arreglo a las que fue redactado.

1.6.2. La costumbre

Puede definirse la costumbre como «expresión de sentir popular que se manifiesta por la repetición de una serie de actos sobre un orden determinado de derecho».

Ha de decirse que un derecho, como es en esencia el derecho administrativo, integrado en su mayor parte por normas escritas de origen burocrático y producto de una actividad reflexiva, no podía por menos que ofrecer resistencia a la admisión de la costumbre como fuente jurídica caracterizada por dos elementos de origen social o popular: un uso o comportamiento reiterado y uniforme y la convicción de su obligatoriedad jurídica.

Frente a criterios doctrinales negativos (Mayer), la admisión de la costumbre *secundum legem*, incluyendo este término todas las normas escritas (por consiguiente, también la reglamentaria), y el rechazo de la costumbre *contra legem*, es algo que está fuera de toda duda a la vista del artículo 1.3 de nuestro Código Civil, que cita a la costumbre después de la ley y antes de los principios generales del derecho: «la costumbre —dice ese precepto— solo regirá en efecto de ley aplicable, siempre que no sea contraria a la moral o al orden público y que resulte probada. Los usos jurídicos que no sean meramente interpretativos de una declaración de voluntad tendrán la consideración de costumbre».

Su aceptación como fuente del derecho administrativo está avalada, además, por la circunstancia de que la propia legislación administrativa que invoca la costumbre —si bien en hipótesis muy limitadas, marginales y escasamente significativas— para regular determinadas materias, como, por ejemplo: el régimen municipal del concejo abierto, cuyo órgano fundamental, la llamada asamblea vecinal, se regirá en su funcionamiento por los «usos, costumbres y tradiciones locales».

En cuanto a la cuestión del valor de las prácticas y «precedentes administrativos» debemos decir que la práctica supone una alteración en la aplicación de un determinado criterio en varios casos anteriores, mientras que el precedente puede ser simplemente la forma en que se resolvió con anterioridad un único asunto, análogo a otro pendiente de resolución.

Las prácticas y precedentes tienen una importancia real en la vida administrativa y al precedente se reconoció un cierto grado de obligatoriedad en la Ley 39/2015, de 1 de octubre, del Procedimiento Administrativo Común de las Administraciones Públicas (artículo 35 .1 c), al obligar a la Administración a motivar aquellas resoluciones «que se separen del criterio seguido en actuaciones precedentes». De ese precepto se deduce que la Administración puede desvincularse de su práctica o precedente al resolver un nuevo y análogo asunto con solo cumplir la carga de la motivación, que no es simplemente formal, sino que implica la exposición de razones objetivas que expliquen y justifiquen el cambio de conducta; de lo contrario, la Administración estará vinculada con su anterior comportamiento so pena de incurrir en una discriminación atentatoria a la seguridad jurídica y al principio de igualdad de los administrados, fundamento último de lo que de obligatorio y vinculante puede haber en los precedentes y prácticas administrativas.

1.6.3. Los principios generales del derecho

Cuando los autores de la anterior redacción del artículo 6 del Código Civil llamaron a los principios generales del derecho, en efecto de ley y costumbre y como último recurso al servicio de la obligación de los jueces de fallar los casos controvertidos, es presumible que no tuvieran una idea muy exacta de su naturaleza y contenido y, desde luego, no sospechaban la importancia que había de concedérseles en el derecho administrativo. Para algunos, los principios generales del derecho se identificarían, sin duda, con los principios del derecho natural, entendido según la ideología personal de cada uno; otros quizás entendiesen, como ahora es moda, que los principios generales del derecho no fueron más que los principios informadores de derecho positivo —es decir, el arco de bóveda del ordenamiento jurídico—, o ambas cosas a la vez, como parece querer indicar ahora el artículo 1.4 del Código Civil: «los principios generales del derecho se aplicarán en efecto de ley o costumbre, sin perjuicio de su carácter informador del ordenamiento jurídico».

La admisión de los principios generales como fuente del derecho está, pues, fuera de toda duda, según se infiere de precepto del Código Civil que ha quedado transcrito. Además, el derecho administrativo español cuenta con un reconocimiento ya clásico de esta fuente en la Exposición de Motivos de la Ley de la Jurisdicción Contencioso-administrativa de 1956, donde, a propósito de los fundamentos jurídicos que pueden llevar a la estimación o desestimación de las pretensiones deducidas contra el acto administrativo, se afirma que la conformidad o disconformidad de un acto con el derecho no se refiere solo al derecho escrito, sino al derecho en general, es decir, «al ordenamiento jurídico, por entender que reconducirla simplemente a las leyes equivaldría a incurrir en un positivismo superado y olvidar que lo jurídico no se encierra y circunscribe a las disposiciones escritas, sino que se extiende a los principios y a la normatividad inmanente en la naturaleza de las instituciones».

A diferencia de lo sucedido en Reino Unido y Francia, países en los que estos principios han sido formulados por la jurisprudencia, en España ha sido el legislador el que les ha dado vida positivizándolos, hasta el punto de que, incorporados en su mayor parte al derecho escrito, puede dudarse que exista alguna posibilidad, para el intérprete, de realizar formulaciones de algún interés.

1.7. Identificación de normas jurídicas y órganos de elaboración, aprobación y publicación

En las sociedades conviven sistemas normativos, es decir, distintos ordenamientos de la conducta humana. Entre estos encontramos la moral, los convencionalismos sociales, las religiones y, por supuesto, el derecho. Todos ellos prescriben conductas.

La manera efectiva de distinguir un sistema normativo como el derecho de aquellos otros con los que convive depende, en principio, de la forma específica en la que asegura su cumplimiento.

Las normas de derecho se distinguen también por su manera de conformarse, es decir, de formalizar y con ello incorporar o desincorporar sus contenidos normativos. Estas se formalizan por una serie de procesos o actos determinados expresamente en cada sistema de derecho positivo en las llamadas normas sobre producción jurídica.

La identificación de las normas que constituyen el derecho requiere de un proceso formal por el que la autoridad signa ciertas normas o prescripciones de conducta catalogándolas como jurídicas.

La creación del derecho aparece como un fenómeno complejo y dinámico que incorpora, desincorpora o renueva valores, principios, creencias, aspiraciones, necesidades u otros criterios y normas jurídicas.

El derecho se concibe no como algo dado, ni como el resultado o la invención de un solo hombre ni de una sociedad, de un solo momento histórico o de un solo proceso legislativo o jurisprudencial, sino como la obra de creación permanente que se realiza por un complejo entramado de actos y procesos complementarios que tienen verificativo en un contexto histórico, político y social determinado.

Se conoce a los procedimientos y actos de identificación o formalización —validación de las normas jurídicas— con el nombre de fuentes formales. Los contenidos normativos que se incorporan al sistema jurídico se denominan fuentes materiales o reales del derecho. A los documentos o textos de derecho positivo no vigente que sirven de inspiración o antecedente para la formalización del derecho se les denomina fuentes históricas.

El objetivo de las fuentes formales del derecho era establecer con claridad los procesos artificiales de elaboración del derecho, ya que su origen natural se hallaba en el espíritu de los pueblos.

La elaboración de normas jurídicas corre a cargo tanto de la autoridad (a través de sus órganos legislativos, ejecutivos o judiciales) como de los particulares (a través de la costumbre jurídica o sus contratos privados). Dichas normas jurídicas, según sean sus fuentes, adquieren la forma de ley, jurisprudencia, costumbre jurídica o normas jurídicas individualizadas.

El producto individual de la legislación es la ley, y por tal se entiende a la norma jurídica que, con carácter general y obligatorio, resulta de un proceso específico de creación por parte del órgano o autoridad facultada al efecto. La ley normalmente está, o debería estar, dotada de abstracción, generalidad, obligatoriedad y coercibilidad.

Clasificación de las normas jurídicas

- Contenido: positivas (autorizan o facultan), negativas (prohíben), interpretativas (desentrañan el sentido de otra ley), supletorias (llenan una laguna legal), taxativas (son irrenunciables), dispositivas (son renunciables).

- Sistema al que pertenecen: nacionales, extranjeras.

- Ámbito espacial de validez: generales (rigen en todo un Estado), locales (rigen solo en parte del territorio estatal).

- Ámbito temporal de validez: vigencia determinada (el legislador especificó su fecha de derogación), vigencia indeterminada.

- Sanciones que aplican: perfectas (prevén la inexistencia o nulidad del acto), imperfectas (no prevén ninguna sanción), más que perfectas (prevén sanción e indemnización), menos que perfectas (prevén sanción, pero el acto produce sus efectos).

- Jerarquía: constitucionales (pertenecen a la ley de máximo estatus), ordinarias (derivan de las constitucionales), reglamentarias (detallan la aplicación de las ordinarias).

Por el tipo de relaciones jurídicas sobre las cuales rige, el derecho positivo se ha dividido tradicionalmente en dos grandes ámbitos: el derecho público (cuando se ocupa de asuntos cuyo interés atiende a la conservación de la cosa pública o cuando da origen a relaciones de supra a subordinación entre autoridades y gobernados o cuando todos los sujetos son autoridades), y el derecho privado (cuando atiende a un interés privado o particular o cuando el tipo de relación jurídica a que dan origen es de coordinación, como en las relaciones entre particulares o de estos con el Estado). Recientemente se ha considerado como una tercera gran rama del derecho al área social (contemplaría aquellas materias encargadas de regular las relaciones de los distintos agrupamientos de personas que desempeñan un papel importante dentro de la vida del Estado, como empresarios, trabajadores y campesinos, entre otros).

Elaboración, aprobación y publicación

En este punto nos vamos a detener exclusivamente en los preceptos recogidos en nuestra Carta Magna, en concreto en los artículos 81 a 92.

Define las leyes orgánicas como las relativas al desarrollo de los derechos fundamentales y de las libertades públicas, las que aprueben los estatutos de autonomía, el régimen electoral general y las demás previstas en la Constitución. Su aprobación, modificación o derogación exigirá mayoría absoluta del Congreso, en una votación final sobre el conjunto del proyecto.

Por otra parte, las Cortes Generales podrán delegar en el Gobierno la potestad de dictar normas con rango de ley sobre materias no reguladas por leyes orgánicas. La delegación legislativa deberá otorgarse mediante una ley de bases cuando su objeto sea la formación de textos articulados o por una ley ordinaria cuando se trate de refundir varios textos legales en uno solo.

La delegación legislativa habrá de otorgarse al Gobierno de forma expresa para materia concreta y con fijación del plazo para su ejercicio. La delegación se agota por el uso que de ella haga el Gobierno mediante la publicación de la norma correspondiente. No podrá entenderse concedida de modo implícito o por tiempo indeterminado. Tampoco podrá permitir la subdelegación a autoridades distintas del propio Gobierno.

Las leyes de bases delimitarán con precisión el objeto y alcance de la delegación legislativa y los principios y criterios que han de seguirse en su ejercicio. La autorización para refundir textos legales determinará el ámbito normativo a que se refiere el contenido de la delegación, especificando si se circunscribe a la mera formulación de un texto único o si se incluye la de regularizar, aclarar y armonizar los textos legales que han de ser refundidos.

Debemos recordar que las disposiciones del Gobierno que contengan legislación delegada recibirán el título de decretos legislativos y que, en caso de extraordinaria y urgente necesidad, el Gobierno podrá dictar disposiciones legislativas provisionales que tomarán la forma de decretos leyes y que no podrán afectar al ordenamiento de las instituciones básicas del Estado, a los derechos, deberes y libertades de los ciudadanos regulados en el Título I, al régimen de las comunidades autónomas, ni al derecho electoral general.

Los decretos leyes deberán ser inmediatamente sometidos a debate y votación de totalidad al Congreso de los Diputados, convocado al efecto si no estuviese reunido, en el plazo de los treinta días siguientes a su promulgación. El Congreso habrá de pronunciarse expresamente dentro de dicho plazo sobre su convalidación o derogación, para lo cual el reglamento establecerá un procedimiento especial y sumario.

Durante el plazo establecido en el apartado anterior, las Cortes podrán tramitarlos como proyectos de ley por el procedimiento de urgencia.

Los proyectos de ley serán aprobados en Consejo de Ministros, que los someterá al Congreso, acompañados de una exposición de motivos y de los antecedentes necesarios para pronunciarse sobre ellos.

Aprobado un proyecto de ley ordinaria u orgánica por el Congreso de los Diputados, su presidente dará inmediata cuenta del mismo al presidente del Senado, el cual lo someterá a la deliberación de este.

El Senado, en el plazo de dos meses a partir del día de la recepción del texto, puede, mediante mensaje motivado, oponer su veto o introducir enmiendas al mismo. El veto deberá ser aprobado por mayoría absoluta. El proyecto no podrá ser sometido al rey para sanción sin que el Congreso ratifique por mayoría absoluta, en caso de veto, el texto inicial, o por mayoría simple, una vez transcurridos dos meses desde la interposición del mismo, o se pronuncie sobre las enmiendas, aceptándolas o no por mayoría simple.

El plazo de dos meses del que el Senado dispone para vetar o enmendar el proyecto se reducirá al de veinte días naturales en los proyectos declarados urgentes por el Gobierno o por el Congreso de los Diputados.

El rey sancionará en el plazo de quince días las leyes aprobadas por las Cortes Generales, las promulgará y ordenará su inmediata publicación.

1.8. El Boletín Oficial del Estado y los Boletines autonómicos

El Boletín Oficial del Estado

La Agencia Estatal Boletín Oficial del Estado (AEBOE) es una agencia estatal de España, dependiente del Ministerio de la Presidencia, que se encarga de la edición, impresión, publicación y difusión del Boletín Oficial del Estado y del Boletín Oficial del Registro Mercantil, así como de la gestión de su sede electrónica.

Fue creada por Real Decreto 1495/2007, de 12 de noviembre, por el que se crea la Agencia Estatal Boletín Oficial del Estado y se aprueba su estatuto.

Contenido

En el Boletín Oficial del Estado se publican:

a) Las disposiciones generales de los órganos del Estado y los tratados o convenios internacionales.

b) Las disposiciones generales de las comunidades autónomas, de acuerdo con lo establecido en los estatutos de autonomía y en las normas con rango de ley dictadas para el desarrollo de los mismos.

c) Las resoluciones y actos de los órganos constitucionales del Estado, de acuerdo con lo establecido en sus respectivas leyes orgánicas.

d) Las disposiciones que no sean de carácter general, las resoluciones y actos de los departamentos ministeriales y de otros órganos del Estado y Administraciones públicas, cuando una ley o un real decreto así lo establezcan.

e) Las convocatorias, citaciones, requisitorias y anuncios cuando una ley o un real decreto así lo establezcan.

El Consejo de Ministros podrá, excepcionalmente, acordar la publicación de informes, documentos o comunicaciones oficiales, cuya difusión sea considerada de interés general.

Estructura

Sección I: Disposiciones generales

- Las leyes orgánicas, las leyes, los reales decretos legislativos y los reales decretos leyes.

- Los tratados y convenios internacionales.

- Las leyes de las asambleas legislativas de las comunidades autónomas.

- Los reglamentos y demás disposiciones de carácter general.

- Los reglamentos normativos emanados de los consejos de gobierno de las comunidades autónomas.

Sección II: Autoridades y personal

Integrada por dos subsecciones:

A) Nombramientos, situaciones e incidencias.

B) Oposiciones y concursos.

Sección III: Otras disposiciones

Integrada por las disposiciones de obligada publicación que no tengan carácter general ni correspondan a las demás secciones: ayudas y subvenciones, becas, cartas de servicio, convenios colectivos de ámbito general, planes de estudio, etcétera.

Sección IV: Administración de justicia

Edictos, notificaciones, requisitorias y anuncios de los juzgados y tribunales.

Sección V: Anuncios

Agrupados de la siguiente forma:

A) Anuncios de licitaciones públicas y adjudicaciones.

B) Otros anuncios oficiales.

C) Anuncios particulares.

Hay, además, un suplemento independiente en el que se publican las sentencias, declaraciones y autos del Tribunal Constitucional.

Organización

La información se organiza de acuerdo con los siguientes criterios:

- Dentro de cada sección, la inserción de los textos se realiza agrupándolos por órgano del que proceden, según la ordenación general de precedencias del Estado. Las disposiciones emanadas de las comunidades autónomas se insertan según el orden de publicación oficial de los estatutos de autonomía.

- Dentro de cada epígrafe los textos se ordenan según la jerarquía de las normas.

- En cada número del periódico oficial se incluye un sumario de su contenido, ordenado conforme se ha indicado anteriormente.

- El texto de las leyes, disposiciones y actos publicados en el BOE tiene la consideración de oficial y auténtico. Por su parte, el texto de las normas emanadas de las comunidades autónomas, publicado en el BOE, tiene el carácter que le atribuyen los respectivos estatutos de autonomía.

- Finalmente, las leyes, los reales decretos leyes y los reales decretos legislativos, una vez sancionados por el rey, y publicados en castellano en el Boletín Oficial del Estado, podrán ser también publicados en las demás lenguas oficiales de las diferentes comunidades autónomas. Para hacer efectivo este precepto hay suscritos convenios de colaboración entre el Gobierno de la nación y los órganos de gobierno autonómicos de la Generalitat de Catalunya, Xunta de Galicia y Comunitat Valenciana.

- Acceso de los ciudadanos al Boletín Oficial del Estado.

  Los ciudadanos tendrán acceso libre y gratuito a la edición electrónica del Boletín Oficial del Estado. Dicho acceso comprenderá la posibilidad de búsqueda y consulta del contenido del diario, así como la posibilidad de archivo e impresión, tanto del diario completo como de cada una de las disposiciones, actos o anuncios que lo componen.

  Además, se establece la obligación, de todas las oficinas de información y atención al ciudadano de la Administración, de facilitar la consulta pública y gratuita del BOE, para lo que existirá, al menos, un terminal informático para este fin.

- En todas las oficinas de información y atención al ciudadano de la Administración General del Estado, se facilitará la consulta pública y gratuita de la edición electrónica del Boletín Oficial del Estado. Con ese fin, en cada una de estas oficinas existirá al menos un terminal informático, a través del cual se podrán realizar búsquedas y consultas del contenido del diario. Las mencionadas oficinas deberán facilitar a las personas que lo soliciten una copia impresa de las disposiciones, actos o anuncios que requieran, o del diario completo, mediante, en su caso, la contraprestación que proceda.

Boletines Oficiales de las comunidades autónomas

De forma análoga al funcionamiento del BOE, las comunidades y ciudades autónomas han creado sus propios boletines oficiales.

Se trata del Diario Oficial de la comunidad autónoma, donde se publican las disposiciones, actos administrativos, autos judiciales y anuncios, emanados por las Administraciones, empresas o particulares, que, en virtud de precepto legal o reglamentario, han de ser incluidos en él para otorgarles validez legal o eficacia jurídica.

Las páginas web de cada uno de ellos se pueden encontrar en la web http://www.boe.es y son las siguientes:

http://www.juntadeandalucia.es/boja

http://www.boa.aragon.es/

http://www.asturias.es

http://www.caib.es/eboibfront/

http://www.gobiernodecanarias.org/boc/

http://boc.cantabria.es/boces/

http://docm.jccm.es/portaldocm/

http://bocyl.jcyl.es/

http://www20.gencat.cat/portal/site/portaldogc

http://doe.juntaex.es/

http://www.xunta.es/diario-oficial-galicia

http://www.larioja.org/npRioja

http://www.bocm.es

http://www.borm.es

http://www.navarra.es

https://www.euskadi.net

www.docv.gva.e

http://www.ceuta.es/ceuta/documentos/bocce

http://www.melilla.es/melillaPorta

1.9. Bases de datos de documentación jurídica en internet

Las bases de datos de documentación jurídica en internet se crean con la especialización jurídica de determinadas empresas o instituciones que pretenden mantener permanentemente informados a los profesionales acerca de las sucesivas modificaciones legales, jurisprudenciales y doctrinales del ordenamiento jurídico español, para facilitar su práctica profesional.

Estas bases de datos suelen proporcionar información en todas las áreas del derecho, con especial protagonismo del derecho administrativo, laboral, fiscal y mercantil, como las soluciones que ofrece al profesional. Estas bases de datos suelen presentar también cursos, jurisprudencia o artículos de diferente calado y temática.

Estas bases de datos ya existían, pero los nuevos tiempos las hacen necesarias en internet. Generalmente ofrecen un enfoque práctico y disponible en las redes sociales, con el fin de aprovechar las nuevas tecnologías en la distribución de la información que contienen. Aquí apuntamos solamente unos ejemplos:

http://portaljuridico.lexnova.es/legislacion

http://noticias.juridicas.com/actual/

http://www.todalaley.com

En todo caso, existe un portal genérico que nos da acceso a las principales bases documentales: el portal http://www.060.es. Es el punto de acceso a la Administración española para ciudadanos y empresas. Tiene un doble objetivo:

- Facilitar la información administrativa sobre la actividad, la organización y el funcionamiento de las Administraciones.

- Orientar sobre los servicios públicos electrónicos de la Administración.

Ofrece información sobre múltiples temas entre los que destacan los servicios y prestaciones en legislación que regulan las diferentes actividades de la Administración y los procedimientos de los distintos ministerios y sus organismos dependientes; las actividades, organización y funcionamiento de los tres niveles de Administración: general, autonómica y local, y los boletines oficiales y los sitos webs de todas las Administraciones.

Dentro de este portal podemos encontrar la biblioteca de legislación donde podemos obtener información sobre la legislación publicada en el Boletín Oficial del Estado y relacionada con los departamentos ministeriales y los organismos públicos vinculados o dependientes de los mismos.

Las vías de acceso a la información son varias:

- Repertorios por materias: relación de las materias en las que se ha encuadrado la legislación que ofrecen los distintos organismos a través de sus páginas web. Estos son algunos de los temas que podemos encontrar:

- Administración autonómica

- Administración corporativa

- Administración electrónica

- Administración local

- Gestión de recursos humanos en la Admón. del Estado

- Organización y estructura de la Admón. General del Estado

- Procedimiento administrativo, régimen jurídico y contratación de las Administraciones públicas

- Protocolos de actuación para la Admón. General del Estado

- Régimen del protocolo del Estado

- Constitución española de 1978

- Asuntos sociales

- Defensa

- Documentos personales

- Educación, cultura y deporte

- Repertorios cronológicos: clasificación de la normativa por fecha de la disposición y su publicación en el Boletín Oficial del Estado.

- La búsqueda avanzada: buscador de la base de datos de legislación del 060, que nos permite buscar por rango, materia o número de disposición.

Incluso nos ofrece una sección «Saber más» donde podemos obtener unas pinceladas para entender mejor el funcionamiento de la legislación española: cuáles son las fuentes del derecho, las clases de normas que nos rigen o cuándo entran en vigor.

Preguntas

1.- De las siguientes afirmaciones, determina la que define a las Cortes Generales:

    A.- Las Cortes Generales, dice el artículo 66 de la CE, representan al pueblo español, ejercen la potestad legislativa del Estado, aprueban sus presupuestos, controlan la acción del Gobierno y son inviolables.

    B.- Las Cortes Generales, dice el artículo 67 de la CE, representan al pueblo español, ejercen la potestad legislativa del Estado, aprueban sus presupuestos, controlan la acción del Gobierno y son inviolables.

    C.- Las Cortes Generales, dice el artículo 67 de la CE, representan a la nación española, a las CC. AA. y a los municipios, ejercen la potestad legislativa del Estado, aprueban sus presupuestos, controlan la acción del Gobierno y son inviolables.

    D.- Las Cortes Generales, dice el artículo 66 de la CE, representan al pueblo español, ejercen la potestad ejecutiva y legislativa del Estado, aprueban sus proyectos, controlan la acción del Gobierno y son inviolables.

2.- La Constitución española consagra a la Corona como:

    A.- El Título III es el relativo a la Corona y consagra al rey como el jefe de Gobierno y asume la más alta representación del Estado español en las relaciones internacionales. Es el que inicia la que se puede llamar parte orgánica.

    B.- El Título II es el relativo a la Corona y consagra al rey como el jefe de Gobierno y asume la más alta representación del Estado español en las relaciones internacionales. Es el que inicia la que se puede llamar parte dogmática.

    C.- El Título II es el relativo a la Corona y consagra al rey como el jefe de Estado y asume la más alta representación del Estado español en las relaciones internacionales. Es el que inicia la que se puede llamar parte orgánica.

D.- El Título III es el relativo a la Corona y consagra al rey como el jefe de Estado y asume la más alta representación del Estado autonómico en sus relaciones internas. Es el que inicia la que se puede llamar parte orgánica.

3.- La función jurisdiccional del Estado se realiza a través de:

A.- Un sistema de órganos que son los tribunales de justicia. Así establece el artículo 116.3 de la Ley Orgánica de Justicia que «El ejercicio de la potestad jurisdiccional en todo tipo de procesos, juzgando y haciendo ejecutar lo juzgado, corresponde exclusivamente a los juzgados y tribunales determinados por las leyes, según las normas de competencia y procedimiento que las mismas establezcan».

B.- Un sistema de órganos que son los Tribunales de Justicia Reales. Así establece el artículo 117.3 de la Constitución que «El ejercicio de la potestad jurisdiccional en todo tipo de procesos, juzgando y haciendo ejecutar lo juzgado, corresponde exclusivamente a los juzgados, tribunales y al Gobierno de la Nación determinados por las leyes, según las normas de competencia y procedimiento que las mismas establezcan».

C.- Un sistema de órganos que son los tribunales de justicia. Así establece el artículo 117.3 de la Constitución que «El ejercicio de la potestad jurisdiccional en todo tipo de procesos, juzgando y haciendo ejecutar lo juzgado, corresponde exclusivamente a los juzgados y tribunales determinados por las leyes, según las normas de competencia y procedimiento que las mismas establezcan».

D.- Un sistema de órganos que son los tribunales de justicia. Así establece el artículo 116.3 de la Constitución que «El ejercicio de la potestad jurisdiccional en todo tipo de procesos, juzgando y haciendo ejecutar lo juzgado, corresponde exclusivamente a los juzgados y tribunales determinados por los decretos, según las normas de competencia y procedimiento que las mismas establezcan».

4.- Según la Ley 40/2015, de 1 de octubre, de Régimen Jurídico del Sector Público, integran el sector público institucional estatal las siguientes entidades:

A.-

  a) Los organismos públicos vinculados o dependientes de la Administración General del Estado, los cuales se clasifican en:

  1.º Organismos autónomos.

  2.º Entidades públicas empresariales.

  b) Las autoridades administrativas independientes.

  c) Las sociedades mercantiles estatales.

  d) Los consorcios.

  e) Las fundaciones del sector público.

  f) Los fondos sin personalidad jurídica.

  g) Las universidades públicas no transferidas.

B.-

  a) Los organismos públicos vinculados o dependientes de la Administración General del Estado, los cuales se clasifican en:

  1.º Organismos autónomos.

  2.º Entidades públicas empresariales.

  b) Las autoridades administrativas independientes.

  c) Las sociedades mercantiles estatales.

  d) Los consorcios.

C.-

  a) Organismos autónomos.

  b) Entidades públicas empresariales.

D.-

Los organismos públicos vinculados o dependientes de la Administración General del Estado.

5.- La unidad de mercado supone:

A.- Que ninguna autoridad podrá adoptar medidas que directa o indirectamente obstaculicen la libertad de circulación de vehículos y establecimiento de las personas y la libre circulación de bienes en todo el territorio español.

B.- Que ninguna autoridad podrá adoptar medidas que directa o indirectamente obstaculicen la libertad de circulación de vehículos y establecimiento de las personas jurídicas y la libre circulación de bienes en todo el territorio español.

C.- Que ninguna autoridad podrá adoptar medidas que directa o indirectamente obstaculicen la libertad de circulación y establecimiento de las personas y la libre circulación de mercancías en el territorio de algunas CC. AA.

D.- Que ninguna autoridad podrá adoptar medidas que directa o indirectamente obstaculicen la libertad de circulación y establecimiento de las personas y la libre circulación de bienes en todo el territorio español.

E.- Que ninguna autoridad, excepto el Estado por medio de mayoría simple en el Senado, podrá adoptar medidas que directa o indirectamente obstaculicen la libertad de circulación y establecimiento de las personas y la libre circulación de bienes en todo el territorio español.

6.- En relación con las bases de datos de documentación jurídica en internet:

A.- Se crean con la especialización jurídica de determinadas empresas o instituciones que pretenden mantener permanentemente informados a los profesionales acerca de las leyes en vigor, pero nunca de la doctrina, por no ser su cometido.

B.- Se crean con la especialización jurídica de determinadas empresas o instituciones que pretenden mantener permanentemente informados a los profesionales acerca de las sucesivas modificaciones legales, jurisprudenciales y doctrinales del ordenamiento jurídico español, para facilitar su práctica profesional.

C.- Se crean con la especialización jurídica de determinadas empresas o instituciones que pretenden mantener permanentemente informados a los profesionales acerca de las sucesivas modificaciones legales, jurisprudenciales y doctrinales del ordenamiento jurídico español, para facilitar su práctica profesional. Estas bases de datos facilitan los documentos en papel y deben ser cotejados por fedatarios públicos.

D.- Se crean con la especialización jurídica de determinadas instituciones públicas, dejando fuera a las empresas privadas, que pretenden mantener permanentemente informados a los profesionales acerca de las sucesivas modificaciones legales, jurisprudenciales y doctrinales del ordenamiento jurídico español, para facilitar su práctica profesional. Estas bases de datos facilitan los documentos en papel y deben ser cotejados por fedatarios públicos.

E.- Se crean con la especialización jurídica de determinadas empresas o instituciones que pretenden mantener permanentemente informados a los profesionales acerca de las sucesivas modificaciones legales, jurisprudenciales y doctrinales del ordenamiento jurídico español. La información que otorgan nunca debe ser utilizada para su práctica profesional.

7.- **En relación con las competencias que ostentan las provincias, señala, entre las siguientes opciones, la correcta.**

A.- La asistencia y cooperación jurídica y técnica a los municipios, especialmente los de menor capacidad económica y de gestión. En todo caso garantizará en los municipios de menos de 10 000 habitantes la prestación de los servicios de secretaría e intervención.

B.- La asistencia y cooperación jurídica, económica y técnica a las mancomunidades, especialmente las de menor capacidad económica y de gestión. En todo caso garantizará en los municipios de menos de 1000 habitantes la prestación de los servicios de secretaría e intervención.

C.- La asistencia y cooperación jurídica, económica y técnica a los municipios, especialmente los de menor capacidad territorial. En todo caso garantizará en los municipios de menos de 10 000 habitantes la prestación de los servicios de secretaría e intervención.

D.- La asistencia y cooperación jurídica, económica y técnica a los municipios, especialmente los de menor capacidad económica y de gestión. En todo caso garantizará en los municipios de menos de 1000 habitantes la prestación de los servicios de alcantarillado.

E.- La asistencia y cooperación jurídica, económica y técnica a los municipios, especialmente los de menor capacidad económica y de gestión. En todo caso garantizará en los municipios de menos de 1000 habitantes la prestación de los servicios de secretaría e intervención.

8.- Según el artículo 152.1 de la Constitución española:

A.- El presidente de la comunidad autónoma será elegido por la Asamblea, de entre sus miembros, y nombrado por el rey, al que corresponde la dirección del Consejo de Gobierno, la suprema representación de la respectiva comunidad y del Estado en aquella.

B.- El presidente de la comunidad autónoma será elegido por el Senado, de entre sus miembros, y nombrado por el rey, al que corresponde la dirección del Consejo de Gobierno, la suprema representación de la respectiva comunidad y la ordinaria del Estado en aquella.

C.- El presidente de la comunidad autónoma será elegido por la Asamblea, de entre sus miembros, y nombrado por el rey, al que corresponde la dirección del Consejo de Gobierno, la suprema representación de la respectiva comunidad y la ordinaria del Estado en aquella.

D.- El presidente de la comunidad autónoma será elegido por el Senado como cámara de representación territorial, de entre sus miembros, y nombrado por el rey, al que corresponde la dirección del Consejo Consultivo, la suprema representación de la respectiva comunidad y la ordinaria del Estado en aquella.

E.- El presidente de la comunidad autónoma será elegido por la Asamblea, de entre sus miembros, y nombrado por el rey, al que corresponde la dirección del Consejo Consultivo, la suprema representación de la respectiva comunidad y la ordinaria del Estado en aquella.

9.- Conforme a la Ley 40/2015, de 1 de octubre, de Régimen Jurídico del Sector Público:

A.- Los delegados del Gobierno dirigirán y supervisarán la Administración General del Estado en el territorio de las respectivas comunidades autónomas y la coordinarán, internamente y cuando proceda, con la Administración propia de cada una de ellas y con la de las entidades locales radicadas en la comunidad.

B.- Los delegados del Gobierno dirigirán el gobierno en todo el territorio y lo coordinarán, internamente y cuando proceda, con la Administración propia de cada una de las comunidades autónomas.

C.- Los delegados del Gobierno son instituciones propias de las provincias y serán nombrados en cada una de ellas por el cabildo, directamente o través de representantes.

D.- Los delegados del Gobierno supervisarán la Administración autonómica del Estado en el territorio de las respectivas comunidades autónomas, de las provincias y de los municipios donde tenga su ubicación.

E.- Los delegados del Gobierno son nombrados por los presidentes de las comunidades autónomas por delegación del presidente del Gobierno, previo acuerdo motivado del Senado.

2. Marco organizativo y normativo de la Unión Europea

- www.ec.europa.eu

  Reutilización autorizada siempre que se indique la fuente. La política de reutilización de la Comisión Europea se basa en la Decisión de 12 de diciembre de 2011. El principio general de la reutilización puede estar supeditado al cumplimiento de condiciones específicas de determinados avisos de derechos de autor. Por tanto, se aconseja a los usuarios que consulten los avisos de derechos de autor específicos de los sitios web publicados en el portal «Europa» y de cada documento. La reutilización no se aplica a los documentos sujetos a derechos de propiedad intelectual de terceros.

Contenido

2.1. La Unión Europea

2.1.1. Principios. Proceso de integración comunitario

La creación de la primera «Comunidad», la Comunidad Europea del Carbón y del Acero (CECA), constituyó el punto de partida de más de cincuenta años de elaboración de tratados europeos. De 1951 (Tratado CECA) a 2001 (Tratado de Niza), se firmaron dieciséis tratados.

La construcción europea es un proceso dinámico. La Unión evoluciona de acuerdo con un enfoque progresivo basado en solidaridades parciales que se han ido ampliando de los ámbitos económicos a los políticos. La presente ficha resume cronológicamente las grandes etapas de la construcción europea.

La Europa diplomática de la posguerra

En un primer momento, la cooperación europea se limitó a mantener algunas alianzas militares de la época de guerra. Así, el Tratado de la Unión Occidental, de marzo de 1948, continuaba la alianza de Francia, Reino Unido y Bélgica. Esta alianza se amplió posteriormente para constituir la Unión de Europa Occidental (UEO). Casi paralelamente, la cooperación europea se trasladó al ámbito económico con la creación en abril de 1948 de la Organización Europea de Cooperación Económica, que posteriormente pasaría a ser la Organización de Cooperación y Desarrollo Económico (OCDE). La Europa política nacía poco tiempo después con la creación del **Consejo de Europa,** que incluía en la cooperación europea numerosas cuestiones políticas, técnicas, sociales y económicas. Sin embargo, dicha cooperación, por amplia que fuera, seguía teniendo un carácter interestatal.

Europa supranacional: la instauración de las comunidades (1951-1965)

La Europa supranacional responde a una nueva concepción de Europa formulada por **Robert Schuman en su famosa declaración de 9 de mayo de 1950.** Este enfoque funcionalista tenía por objeto establecer una solidaridad de hecho entre los Estados miembros e iba a instaurar en la nebulosa europea un núcleo duro de Estados, «la Europa de los Seis», y dar nacimiento a las Comunidades Europeas.

El primer resultado del nuevo esfuerzo de integración fue la constitución de la Comunidad Europea del Carbón y del Acero (CECA), dirigida a establecer la libertad de circulación del carbón y del acero, así como el libre acceso a las fuentes de producción. Esta comunidad reunía a seis Estados: Francia, Alemania, Italia y los países del Benelux, y sometía a los Estados miembros a órganos supranacionales, de competencias limitadas a los ámbitos del carbón y el acero, pero facultados para tomar decisiones y para imponerlas a los Estados. La Alta Autoridad y el Consejo de Ministros eran los responsables de la toma de decisiones, mientras que la Asamblea Parlamentaria desempeñaba una función esencialmente consultiva. El Tratado de París había creado la CECA por un período de tiempo limitado de 50 años. Así pues, la CECA expiró el 23 de julio de 2002.

Tras el fracaso de la Comunidad Europea de Defensa (CED), en 1954, la prolongación de la CECA se mantendrá en el ámbito económico con la creación de la Comunidad Económica Europea y de la Comunidad Europea de la Energía Atómica, esta última más conocida como EURATOM. Ambas comunidades fueron creadas por los famosos «Tratados de Roma», firmados en marzo de 1957. La CEE reúne a los seis países miembros de la CECA y tiene por objeto la integración a través de los intercambios con fines de expansión económica. Establece un mercado común, una unión aduanera y algunas políticas comunes (agricultura, comercio y transporte).

EURATOM incluye a los mismos Estados miembros. Su objetivo es contribuir al establecimiento y el desarrollo de las industrias nucleares europeas, velar porque todos los Estados miembros puedan beneficiarse de la energía atómica y garantizar el abastecimiento. Paralelamente, el tratado garantiza un elevado nivel de seguridad para la población y prohíbe la utilización de las materias nucleares para fines distintos de los previstos.

Así pues, a partir de 1957 coinciden tres comunidades distintas. Las tres cuentan con algunas instituciones comunes y con otras duplicadas que se hace necesario unificar. El Tratado de Bruselas de 1965 fusiona los ejecutivos de las tres comunidades en una única «Comisión de las Comunidades Europeas» e instaura un consejo único que substituye a los consejos de las tres comunidades.

Las crisis y la resistencia de las soberanías (1961-1970)

Durante este período, se asiste a un auténtico replanteamiento de los principios fundamentales de la construcción europea. Aumenta la resistencia de las soberanías y los partidarios de la Europa de las patrias rechazan la concepción supranacional de las comunidades.

A pesar del fracaso de la Comunidad Europea de Defensa, la cooperación política entre Estados miembros vuelve a situarse en primer plano. En 1961, una Comisión intergubernamental presidida por el diplomático francés Christian Fouchet, recibe un mandato de los seis para elaborar propuestas concretas dirigidas a promover la unión política. Dicha comisión propone instaurar una

Unión con una política exterior y de defensa común. El plan fracasará al enfrentarse a tres obstáculos: la incertidumbre acerca de la participación de Reino Unido, las divergencias surgidas en relación con el establecimiento de una defensa europea independiente de la alianza atlántica y el carácter demasiado intergubernamental de las instituciones propuestas que podría privar de su esencia supranacional a las instituciones comunitarias.

Oponiéndose a una serie de propuestas de la Comisión relativas, entre otras cosas, a la financiación de la política agrícola común, Francia dejó de participar en las reuniones del Consejo a partir de julio de 1965, exigiendo para volver a ocupar su puesto en el Consejo un acuerdo político sobre el papel de la Comisión y el voto mayoritario. Este episodio de la historia de Europa se conoce con el nombre de «Crisis de la silla vacía» y se resolvió gracias al compromiso de Luxemburgo (enero de 1966), según el cual, cuando estuvieran en juego intereses fundamentales de uno o varios países, los miembros del Consejo se esforzarían por encontrar soluciones que pudieran ser adoptadas por todos en el respeto de sus intereses respectivos.

Las primeras ampliaciones y la reactivación (1970-1985)

Durante este período, las tres comunidades llevan a cabo las primeras ampliaciones a nuevos Estados miembros y se reactiva la dinámica comunitaria a través de acciones concretas. Reino Unido se une a las Comunidades Europeas en enero de 1973, junto con Dinamarca e Irlanda. En 1980 se incorpora Grecia, seguida de España y Portugal en 1986.

Durante los años setenta continúa la construcción comunitaria, si bien acompañada por dos grandes crisis mundiales: la crisis del dólar y la del petróleo, que obligaron a la Comunidad a reflexionar sobre su futuro. Paralelamente a esta tarea de reflexión que ya anuncia el Acta Única, la construcción comunitaria da los siguientes pasos:

- La confirmación del papel de las reuniones de los jefes de Estado y de Gobierno, que conduce, a partir de 1974, a la instauración de «Consejos Europeos» tres veces al año.

- La elección del Parlamento Europeo por sufragio universal directo, a partir de las elecciones de 1979.

- El recurso al artículo 235 Tratado CEE para desarrollar los ámbitos de intervención de la CEE.

- La instauración en 1978 del sistema monetario europeo (SME), basado en una unidad de cuenta común, el ECU, a fin de resolver la inestabilidad monetaria.

- Los Tratados de 1970 y 1975 y la Decisión de 1985, relativos a las disposiciones presupuestarias y financieras que permiten alcanzar un acuerdo sobre el régimen de las finanzas comunitarias (sistema de recursos propios y ejecución del presupuesto).

El Acta Única: primeras reformas importantes (1986)

Con el tiempo se hizo sentir la necesidad de una nueva reactivación. De hecho, todo indicaba que sería muy difícil completar la realización del mercado interior sobre la base de los tratados existentes y, en particular, de las disposiciones institucionales que exigen la unanimidad del Consejo para armonizar las legislaciones.

El Acta Única propone una serie de reformas dirigidas a facilitar esta armonización.

En primer lugar, fija como objetivo la realización del mercado único a 1 de enero de 1993.

Por otra parte, permite ampliar los casos de voto por mayoría cualificada, refuerza el papel del Parlamento Europeo (creación de un procedimiento de cooperación) y amplía las competencias comunitarias, en particular, en los ámbitos económicos y monetarios, del medio ambiente y de la investigación. Asimismo, oficializa la existencia del Consejo Europeo y consagra la cooperación en política exterior.

El Tratado de Maastricht, el nacimiento de la Unión Europea (1992)

La contribución del Tratado de Maastricht es importante, ya que supone el primer paso para dotar de una dimensión política a la construcción europea. Reúne en un mismo marco a la Unión Europea, las comunidades, la política exterior y de seguridad común (PESC) y la cooperación en los ámbitos de la justicia y los asuntos de interior (JAI). Este tratado da origen a la denominada «estructura en pilares».

El primer pilar está constituido por las comunidades existentes y sus instituciones aplican el método comunitario, es decir, el ejercicio en común de las soberanías nacionales.

El segundo pilar está formado por la política exterior y de seguridad común (PESC, Título V del Tratado de la Unión Europea) y el tercero, por la justicia y asuntos de interior (JAI, Título VI del Tratado de la Unión Europea). Ambos pilares establecen una cooperación intergubernamental que, no obstante, recurre a las instituciones comunes y presenta algunos elementos supranacionales, como la asociación de la Comisión y la consulta al Parlamento Europeo.

Con el Tratado de Maastricht, la CEE pasa a denominarse Comunidad Europea (CE), lo que refleja la voluntad de los signatarios del tratado de ampliar las competencias comunitarias a cuestiones no económicas.

En el ámbito comunitario, las principales innovaciones son el inicio de la unión económica y monetaria que se concretará en la decisión adoptada en 1998 de instaurar una moneda única (el euro), la creación de una ciudadanía europea, la formulación de nuevas políticas (educación, cultura) y la aplicación del principio de subsidiariedad para regular el ejercicio de las competencias. Por último, un protocolo social amplía las competencias comunitarias en esta materia. En el ámbito institucional, se refuerza el papel del Parlamento Europeo a través del establecimiento de un procedimiento de codecisión en algunas materias y de su participación en la designación de la Comisión. No obstante, para alcanzar estos objetivos hubo que establecer algunas diferencias entre Estados miembros. Así, el Reino Unido no participa en el protocolo social y mantiene la libertad de decidir su participación en el euro, al igual que Dinamarca. La ratificación del tratado no será fácil, prueba de que constituye un paso decisivo hacia una dimensión política de Europa.

El Tratado de Ámsterdam (1997)

Los años que siguieron a la entrada en vigor del Tratado de la Unión Europea se caracterizaron por la ampliación de la Unión a Austria, Finlandia y Suecia en 1995. El **Tratado de Ámsterdam** permitió realizar importantes progresos. Hizo posible ampliar las competencias de la Unión. Se pone un énfasis especial en la importancia de conseguir un elevado nivel de empleo y en la coordinación de las políticas laborales.

A partir de este momento, el método comunitario se aplicará a importantes ámbitos dependientes hasta entonces del tercer pilar, como el asilo, la inmigración, el paso de las fronteras exteriores, la lucha contra el fraude y la cooperación aduanera.

El Tratado de Ámsterdam establece por vez primera determinadas disposiciones que autorizan a una serie de Estados miembros a recurrir a las instituciones comunes para entablar una cooperación reforzada. Además, refuerza los poderes del Parlamento con la extensión del procedimiento de codecisión y de sus poderes de control. Asimismo, prevé la apertura de negociaciones para llevar a cabo las reformas institucionales necesarias en la perspectiva de la ampliación (composición de la Comisión, del Parlamento y voto en el Consejo), con el fin de preservar el carácter democrático y la eficacia de una estructura que contará con más de veinte miembros. Por otra parte, la firma de este tratado dio luz verde al proceso de ampliación de la Unión a los países de Europa Central y Oriental a partir de 1998.

El Tratado de Niza (2001)

El Tratado de Niza se consagra esencialmente a las cuestiones que quedaron pendientes en Ámsterdam, es decir, cuestiones institucionales vinculadas a la ampliación que no se resolvieron en 1997. Se trata de la composición de la Comisión, de la ponderación de votos en el Consejo y de la ampliación de los casos de voto por mayoría cualificada. Asimismo, facilitó el recurso a las cooperaciones reforzadas y mejoró la eficacia del sistema jurisdiccional. Por otra parte, la Carta de Derechos Fundamentales de la Unión Europea elaborada por una Convención fue proclamada durante la Cumbre Europea de Niza por los presidentes del Parlamento Europeo, del Consejo y de la Comisión. A partir del Tratado de Niza, resulta evidente que la arquitectura de la Unión debe definirse de manera global y estable con el fin de permitir que esta funcione de forma coherente después de la ampliación. Este movimiento condujo a la creación de la Convención Europea y a la elaboración de la Constitución.

El tratado por el que se establece una constitución para Europa (2004)

El Tratado Constitucional Europeo, más comúnmente llamado Constitución, derogaba y sustituía en un único texto todos los tratados existentes, a excepción del Tratado EURATOM. Este texto consolidaba, así, cincuenta años de tratados europeos. Más allá de este trabajo de consolidación y simplificación de los textos, la Constitución aportaba numerosas novedades entre las que cabe destacar la atribución de personalidad jurídica a la Unión, una definición clara de las competencias, la posibilidad de que un Estado miembro se retire de la Unión, la incorporación de la Carta de Derechos Fundamentales, la simplificación de los instrumentos de actuación de la Unión, la creación de un Ministerio de Asuntos Exteriores Europeo, la institucionalización formal del Consejo Europeo presidido por un presidente elegido para un período de dos años y medio, la definición de un nuevo sistema de mayoría cualificada para el voto en el Consejo, una serie de modificaciones de las políticas, la desaparición de la estructura en pilares y la extensión del voto por mayoría cualificada en el Consejo y del procedimiento legislativo ordinario (codecisión).

El Tratado Constitucional fue firmado en octubre de 2004. Para entrar en vigor, el Tratado por el que se establece la Constitución debía ser ratificado por todos los Estados miembros, con arreglo a sus respectivas normas constitucionales, bien mediante ratificación parlamentaria, bien mediante referéndum. A raíz de las dificultades que hubo en determinados Estados miembros en lo concerniente a la ratificación, en el Consejo Europeo de los días 16 y 17 de junio de 2005, los jefes de Estado o de Gobierno decidieron iniciar un «período de reflexión» sobre el futuro de Europa.

El Tratado de Lisboa (2007)

Finalmente, en el Consejo Europeo de los días 21 y 22 de junio de 2007, los dirigentes europeos alcanzaron un acuerdo. Se convino en un mandato para convocar una CIG encargada de finalizar y adoptar ya no una constitución, sino un «Tratado de Reforma» para la Unión Europea. El texto final del Tratado elaborado por la CIG fue aprobado en el Consejo Europeo informal celebrado en Lisboa los días 18 y 19 de octubre. El **Tratado de Lisboa** resultante fue firmado por los Estados miembros el 13 de diciembre de 2007.

2.1.2. España en la Unión Europea

Las instituciones europeas tienen sus sedes repartidas entre Bruselas (Bélgica), Estrasburgo (Francia) y Luxemburgo. Sin embargo, para estar más cerca de los ciudadanos, cuentan con representaciones y oficinas en cada uno de los Estados miembros de la Unión Europea, agencias especializadas en los ámbitos donde la Unión Europea tiene competencias y puntos de información europea. De esta manera, se garantiza que, en cada país, la Unión Europea esté representada de manera física.

- Madrid y Barcelona. Parlamento Europeo

  El Parlamento Europeo cuenta con dos oficinas de información en España, una en Madrid y otra en Barcelona. Las oficinas del Parlamento Europeo en España ofrecen información a los ciudadanos que deseen conocer las actividades del Parlamento Europeo y de los eurodiputados españoles. También informa y ofrece apoyo a los medios de comunicación.

- Madrid y Barcelona. Comisión Europea

  La Comisión Europea cuenta con dos oficinas de información en España, una en Madrid y otra en Barcelona. El objetivo de ambas oficinas es el de informar a ciudadanos y a medios de comunicación sobre la labor de la Comisión Europea. En el caso de la representación de la CE en Madrid se ofrecen servicios específicos para empresas y un servicio de documentación abierto al público para resolver cualquier duda sobre la UE.

- Toda España. Puntos de información europea

  Los ciudadanos podrán encontrar en toda España puntos de información europea donde obtener información general sobre la Unión Europea (a través de la red Europa Directo), información sobre empleo (a través de la red Eures) o información específica para empresas (a través de la red Europea de Apoyo a Empresas).

- Alicante. La Oficina de Armonización del Mercado Interior (OAMI)

  La Oficina de Armonización del Mercado Interior (OAMI) es la oficina oficial de marcas, dibujos y modelos de la Unión Europea. Tiene su sede en Alicante y emplea en torno a 700 personas. La OAMI registra marcas (MC), dibujos y modelos comunitarios (DCR), ambos componentes esenciales del mercado único europeo. Estos registros ofrecen protección a marcas, dibujos y modelos en toda la Unión Europea.

- Barcelona. Fusion for Energy (F4E)

  El principal cometido de Fusion for Energy (con sede en Barcelona) es el de gestionar la contribución europea al proyecto ITER, cuyo propósito es el de generar energía limpia a través de la fusión nuclear. Gracias a los conocimientos colectivos de F4E, Europa puede convertirse en el primer constructor mundial de reactores de fusión para experimentación.

- Bilbao. Agencia Europea para la Seguridad y Salud en el Trabajo (OSHA)

  En ocasiones, la información es lo único que un empresario o trabajador necesitan para abordar los problemas de seguridad y salud con eficacia. La EU-OSHA pretende ser el principal proveedor de esa información y garantizar que sea útil para todo usuario, independientemente del tamaño de la empresa o del sector de actividad. Creada por la Unión Europea y con sede en Bilbao, EU-OSHA es el principal punto de referencia para la seguridad y la salud en el trabajo.

- Sevilla. Instituto de Prospectiva Tecnológica (IPTS)

  El Instituto de Prospectiva Tecnológica es uno de los siete institutos científicos del Centro de Investigación de la Comisión Europea (JRC). Su papel es el de promover y permitir una mejor comprensión de las relaciones que existen entre tecnología, economía y sociedad.

- Torrejón de Ardoz. Centro Europeo de Satélites (USC)

  Se trata de una agencia del Consejo de la Unión Europea dedicada a la explotación y producción de los datos resultantes del análisis de las imágenes, obtenidas por satélite, de observación de la Tierra. Su objetivo es secundar la toma de decisiones de la UE en el contexto de la Política Exterior y de Seguridad Común. Su sede está en Torrejón de Ardoz.

- Vigo. Agencia Europea de Control de la Pesca (EFCA)

  La Agencia Europea de Control de la Pesca (EFCA) tiene su sede en Vigo. Su objetivo es el de uniformizar y mejorar el cumplimiento de la Política Pesquera Común a través de la puesta en común y coordinación de los medios nacionales y comunitarios de control e inspección de las pesquerías.

2.1.3. Prioridades de la Unión Europea para 2019-2024

Tras las elecciones europeas de mayo de 2019, la Unión Europea estableció una serie de prioridades que conforman la agenda política hasta 2024. Estas prioridades sirven para abordar los principales retos, tanto políticos como económicos o sociales, a los que se enfrentan la UE y sus ciudadanos.

Las prioridades son el resultado de un diálogo entre líderes de la UE, ministros de los países, instituciones de la UE y grupos políticos del Parlamento Europeo. En junio de 2019, los líderes de la UE presentaron sus prioridades en la Agenda Estratégica de la UE para 2019-2024.

El proceso

El Consejo Europeo reúne a los jefes de Estado o de Gobierno de todos los países de la UE y establece las prioridades políticas de la UE antes del comienzo de cada nueva legislatura de la Comisión Europea y del Parlamento Europeo. El conjunto de estas prioridades se conoce como una Agenda Estratégica. Funciona como un marco para guiar a las instituciones de la UE en las prioridades y establece la forma en que hay que presentarlas.

La Agenda Estratégica también guía las prioridades políticas de la Comisión Europea durante los cinco años de mandato, con arreglo a sus orientaciones políticas. Las prioridades definen a grandes rasgos las principales políticas y los pasos que la Comisión tiene intención de seguir para garantizar que se alcancen sus objetivos políticos.

Las orientaciones políticas constituyen la base del programa de trabajo anual de la Comisión, que establece las iniciativas destinadas a cumplir las prioridades durante los doce meses siguientes. Cada año, el Consejo, el Parlamento y la Comisión acuerdan sus máximas prioridades para el año siguiente, y las recogen en una declaración conjunta anual.

Una nueva agenda estratégica para la UE (2019-2024)

La nueva agenda estratégica tiene los siguientes puntos fuertes:

- Proteger a los ciudadanos y las libertades.

- Realizar un control efectivo de las fronteras exteriores de la UE y seguir desarrollando una política de migración global. Combatir el terrorismo, la delincuencia transfronteriza y la delincuencia en línea, y aumentar la resiliencia de la UE frente a las catástrofes, tanto naturales como provocadas por el hombre.

- Desarrollar una base económica sólida y dinámica.

- Construir una economía resiliente, afianzando la Unión Económica y Monetaria, completar la unión bancaria y la unión de los mercados de capitales, reforzar el papel internacional del euro, invertir en capacitación y educación, apoyar a las empresas europeas, adaptarse a la transformación digital y desarrollar una política industrial sólida.

- Construir una Europa climáticamente neutra, ecológica, justa y social.

- Invertir en iniciativas ecológicas que mejoren la calidad del aire y del agua, fomentar la agricultura sostenible y proteger los sistemas medioambientales y la biodiversidad. Crear una economía circular eficaz y un mercado de la energía de la UE que funcione bien y suministre energía sostenible, segura y asequible. Acelerar la transición hacia las energías renovables y la eficiencia energética y, al mismo tiempo, reducir la dependencia de la UE de las fuentes de energía externas. Poner en práctica el pilar europeo de derechos sociales.

- Promover los intereses y valores europeos en la escena mundial.

- Construir una política exterior sólida con una política de vecindad ambiciosa y una asociación global con África. Fomentar la paz, la estabilidad, la democracia y los derechos humanos en el mundo. Promover actividades comerciales sólidas en consonancia con el multilateralismo y el orden internacional basado en normas a escala mundial. Asumir una mayor responsabilidad en la seguridad y la defensa, cooperando estrechamente al mismo tiempo con la OTAN.

Prioridades de la Comisión Europea para 2019-2024

La nueva Agenda Estratégica para la UE (2019-2024) se vincula a las prioridades de la Comisión Europea para este período. Destacan las siguientes:

- Un Pacto Verde Europeo

  Transformar la UE en una economía moderna, eficiente en el uso de los recursos y competitiva, protegiendo el medio ambiente natural de Europa, abordando el cambio climático y haciendo que Europa sea neutra en emisiones de carbono y eficiente en el uso de los recursos de aquí a 2050.

- Una Europa adaptada a la era digital

  Adaptarse a la transformación digital invirtiendo en empresas, investigación e innovación, reformar la protección de datos, dotando a las personas de las capacidades necesarias para la nueva generación de tecnologías y diseñando normas que se ajusten a ellas.

- Una economía al servicio de las personas

  Reforzar la economía de la UE, protegiendo los puestos de trabajo y reduciendo las desigualdades, apoyar a las empresas, afianzando la unión económica y monetaria y completando la unión de los mercados de capitales.

- Una Europa más fuerte en el mundo

  Reforzar la voz de la UE en la escena mundial mejorando nuestra posición mundial como adalides de un comercio fuerte, abierto y justo, del multilateralismo y del orden internacional basado en normas a escala mundial. Mejorar las relaciones con los países vecinos y asociados, y reforzar la capacidad de la UE para gestionar crisis a través de las capacidades civiles y militares.

- Promoción de nuestro modo de vida europeo

  Defender los derechos fundamentales y el Estado de Derecho como bastión de la igualdad, la tolerancia y la justicia social. Abordar los riesgos para la seguridad, proteger y capacitar a los consumidores, y potenciar un sistema para la migración legal y segura, gestionando al mismo tiempo de forma eficaz las fronteras exteriores de la UE, modernizando su sistema de asilo y cooperando estrechamente con los países asociados.

- Un nuevo impulso a la democracia europea

  Reforzar los procesos democráticos de Europa mejorando las relaciones con el Parlamento Europeo y los parlamentos nacionales, proteger la democracia de la UE frente a interferencias externas, garantizar la transparencia y la integridad a lo largo de todo el proceso legislativo, y asumir un compromiso más amplio con los ciudadanos de la UE a la hora de conformar su futuro.

2.2. Instituciones y órganos comunitarios

Los países que constituyen la UE (sus Estados miembros) delegan algunos de sus poderes decisorios en las instituciones comunes creadas por ellos para poder tomar democráticamente y en el ámbito europeo decisiones sobre asuntos específicos de interés conjunto: el Parlamento Europeo, el Consejo de la Unión Europea, la Comisión Europea, el Tribunal de Justicia y el Tribunal de Cuentas. Los poderes y responsabilidades, normas y procedimientos de estas instituciones se establecen en los tratados, en los que se basan todas las actividades de la UE.

Además de las instituciones, la UE cuenta con diversos organismos que se ocupan de ámbitos especializados, como el Comité Económico y Social europeo, el Comité de las Regiones, el Banco Central Europeo, el Defensor del Pueblo europeo o la Oficina de Publicaciones Oficiales de las Comunidades Europeas.

También se han creado las agencias: órganos especializados para determinados ámbitos técnicos, científicos o de gestión.

Enlaces de interés:

Página de las Instituciones del Portal Europa:
http://europa.eu/institutions/index_es.htm

2.2.1. Parlamento Europeo

Es un órgano de expresión democrática y de control político, y que participa también en el proceso legislativo. Está compuesto por diputados elegidos en cada Estado miembro por sus ciudadanos, para un mandato de cinco años. Celebra sus reuniones plenarias en Estrasburgo, sus comisiones y reuniones habituales en Bruselas, y su Secretaría está en Luxemburgo. El Parlamento tiene tres funciones principales:

- Aprobar la legislación europea, conjuntamente con el Consejo en muchos ámbitos. El hecho de que el PE sea elegido directamente por los ciudadanos ayuda a garantizar la legitimidad democrática de la legislación europea.

- Ejercer el control democrático de todas las instituciones de la UE, y en especial de la Comisión. Tiene potestad para aprobar o rechazar el nombramiento de los comisarios, y derecho a censurar a la Comisión en su conjunto.

- Autoridad presupuestaria. El Parlamento comparte con el Consejo la autoridad presupuestaria de la UE, y puede, por tanto, influir en el gasto de la UE. Al final del procedimiento presupuestario, el Parlamento adopta o rechaza el presupuesto en su totalidad.

Enlaces de interés:

Página del Parlamento Europeo:
http://www.europarl.europa.eu

El número de diputados al Parlamento Europeo con los que cuenta cada país es, en líneas generales, proporcional a su población. El Tratado de Lisboa establece que ningún país puede tener menos de 6 diputados ni más de 96.

Sin embargo, el Parlamento actual todavía conserva la composición anterior a la entrada en vigor del tratado, por lo que el número de diputados será modificado en la próxima legislatura. Por ejemplo, el número de diputados de Alemania se reducirá de 99 a 96, mientras que el de Letonia pasará de 9 a 8.

Los diputados al Parlamento Europeo se agrupan por **afinidades políticas,** no por nacionalidades.

Organismos de interés

Parlamento Europeo. Oficina en España
Paseo de la Castellana, 46, 5.ª y 6.ª planta
28046 - MADRID
ESPAÑA
Teléfono: 91 4364747
Fax: 915771365 (dirección 6.ª) 915783171 (Document. 5.ª)
http://europarl.es
email: epmadrid@europarl.eu.int

Parlamento Europeo. Oficina en España
Passeig de Gràcia, 90, 1.º
08008 - BARCELONA
ESPAÑA
Teléfono: 932722044
Fax: 932722045

European Parliament. Directorate-General INFORMATION. Budget Coordination
Rue Wiertz. PHS building, (04 c 035), 60,
B-1047 Bruselas
BÉLGICA
http://www.europarl.eu.int/European Parliament
- Plateau du Kirchberg, B.P. 1601,
L-2929 LUXEMBURGO
LUXEMBURGO
Telefono: +352 / 4300 1
Fax: +352 / 4300 24842
http://www.europarl.europa.eu/

European Parliament
Bât. Altiero Spinelli - 60 rue Wiertz / Wiertzstraat 60,
B-1047 Bruselas
BÉLGICA
Teléfono: +32(0)2 28 42111

2.2.2. Consejo de la Unión Europea

El Consejo es la principal instancia decisoria de la UE. Representa a los Estados miembros, y a sus reuniones asiste el ministro o secretario de Estado de cada uno de los Gobiernos nacionales de la UE, cambiando en función de los temas del orden del día. El Consejo tiene seis responsabilidades básicas:

- Aprobar leyes europeas. En muchos ámbitos legisla en común con el Parlamento Europeo.

- Coordinar las políticas económicas generales de los Estados miembros.

- Concluir acuerdos internacionales entre la UE y otros países u organizaciones internacionales.

- Aprobar el presupuesto de la UE, junto con el Parlamento.

- Desarrollar la Política Exterior y de Seguridad Común de la UE, basándose en las directrices decididas por el Consejo Europeo.

- Coordinar la cooperación entre los tribunales nacionales y la policía en materia penal.

Enlaces de interés:

Página del Consejo de la Unión Europea:
http://www.consilium.europa.eu/showPage.aspx?lang=es

El Consejo adopta, en la mayoría de los casos junto con el Parlamento Europeo, actos que tienen una incidencia directa en la vida de los ciudadanos y una considerable repercusión internacional.

El Consejo es la institución de la Unión que reúne a los representantes de los Gobiernos de los Estados miembros, es decir, los ministros de los distintos Estados miembros competentes en un ámbito determinado. La composición de las sesiones del Consejo y su frecuencia varían en función de los temas tratados. Por ejemplo, los ministros de Asuntos Exteriores se reúnen en general una vez al mes en el Consejo de Asuntos Exteriores y los ministros de Economía y Hacienda se reúnen una vez al mes en el Consejo que trata de los Asuntos Económicos y Financieros, el llamado Consejo Coffin.

Hay diez **formaciones del Consejo,** que abarcan la totalidad de las políticas de la Unión. El Consejo de Asuntos Generales, integrado en general por los ministros de Asuntos Exteriores o de Asuntos Europeos, se ocupa de la coherencia de los trabajos de las diversas formaciones del Consejo y prepara las reuniones del Consejo Europeo.

Las tareas del Consejo

El Consejo adopta actos legislativos (reglamentos, directivas, etc.), en la mayoría de los casos en «codecisión» con el Parlamento Europeo. Contribuye a la coordinación de las políticas de los Estados miembros. Por ejemplo, en materia económica.

El Consejo es, con el Parlamento Europeo, el legislador de la Unión. En la mayoría de los casos, el Consejo solo puede legislar sobre las propuestas que le presenta la Comisión Europea. Puede pedir a la Comisión que le presente todas las propuestas adecuadas. Desde la entrada en vigor del Tratado de Lisboa, un millón de ciudadanos pueden también, con sus firmas, pedir a la Comisión que presente una propuesta. Es el derecho de iniciativa ciudadana.

Por el contrario, los debates en ámbitos no legislativos, como, por ejemplo, en el ámbito de asuntos exteriores, no son públicos. Pero todas las sesiones del Consejo van seguidas de una conferencia de prensa y de un comunicado en el que se explican las decisiones adoptadas.

Los tratados establecen el número de votos de cada Estado miembro. Los tratados definen asimismo los casos en que se exige mayoría simple, mayoría cualificada o unanimidad. Se alcanza una mayoría cualificada cuando se cumplen las dos condiciones siguientes:

- Una mayoría de Estados miembros da su aprobación (en algunos casos una mayoría de dos tercios).

- Un mínimo de 260 votos se expresa a favor de la propuesta, sobre un total de 352 votos.

Además, cada Estado miembro puede solicitar la confirmación de que los votos favorables representen al menos el 62 % de la población total de la Unión. Si no se respeta este criterio, la decisión no se aprueba.

La presidencia del Consejo

El Consejo es presidido por turnos de seis meses por los 27 Estados miembros de la Unión. En cada semestre la presidencia dirige las reuniones en todos los niveles, propone orientaciones y elabora las propuestas transaccionales necesarias para la toma de decisiones del Consejo.

Para favorecer la continuidad de los trabajos del Consejo, las presidencias semestrales cooperan estrechamente por grupos de tres. El «trío» de presidencias elabora un programa común de las actividades del Consejo para un período de 18 meses.

Hay una formación del Consejo que no es presidida por la presidencia semestral: el Consejo de Asuntos Exteriores, que, desde la entrada en vigor del Tratado de Lisboa, es presidido por el alto representante de la Unión para Asuntos Exteriores y Política de Seguridad. Una veintena de grupos de trabajo del ámbito de asuntos exteriores es también presidida por un presidente fijo, designado por el alto representante.

2.2.3. Comisión Europea

Al igual que el Parlamento y el Consejo, la Comisión Europea se creó en los años cincuenta, al amparo de los tratados constitutivos de la Comunidad Europea, y es independiente de los Gobiernos nacionales. La Comisión Europea tiene cuatro funciones principales:

- Proponer legislación al Parlamento y al Consejo.
- Gestionar y aplicar las políticas de la UE y el presupuesto.
- Hacer cumplir la legislación europea (junto con el Tribunal de Justicia).
- Representar a la UE en los foros internacionales, por ejemplo, negociando acuerdos entre la UE y otros países.

La sede de la Comisión está en Bruselas (Bélgica), pero la Comisión también tiene oficinas en Luxemburgo, representaciones en todos los países de la UE y delegaciones en muchas capitales de todo el mundo.

Enlaces de interés:

Página de la Comisión Europea
http://ec.europa.eu/index_es.htm

La Comisión Europea representa los intereses de la Unión en su conjunto. Propone nueva legislación al Parlamento Europeo y al Consejo de la Unión Europea, y garantiza la correcta aplicación del derecho de la UE por parte de los países miembros.

El término «Comisión» designa tanto a los **27 comisarios** como a la institución en sí. La Comisión tiene el derecho de iniciativa para proponer la adopción de legislación al Parlamento Europeo y el Consejo de la UE (los ministros nacionales). En la mayoría de los casos, la Comisión hace propuestas para cumplir las obligaciones que le imponen los tratados de la UE o porque otra institución de la UE, un país o los propios interesados le han pedido que actúe. Desde abril de 2012, los ciudadanos de la UE también pueden solicitar a la Comisión que proponga legislación (**Iniciativa Ciudadana Europea**).

Antes de hacer una propuesta, la Comisión lleva a cabo extensas consultas para tener en cuenta la opinión de los interesados. Generalmente las propuestas se publican acompañadas de una evaluación de los posibles efectos económicos, sociales y medioambientales del acto legislativo en cuestión.

Los principios de **subsidiariedad** y **proporcionalidad** implican que la UE solo puede legislar cuando la acción de la UE sea más eficaz que la acción nacional, regional o local, y solo en la medida necesaria para alcanzar los objetivos acordados.

Una vez que se ha adoptado la legislación de la UE, la Comisión garantiza su correcta aplicación por parte de los países miembros.

La Comisión funciona según el principio de la colegialidad. El Colegio de Comisarios, que es colectivamente responsable ante el Parlamento Europeo, toma las decisiones en común.

Los comisarios no tienen ningún poder de decisión propia, excepto cuando son facultados por la Comisión para que adopten en su nombre medidas en sus ámbitos de competencia. En ese caso, comprometen la responsabilidad política y jurídica de la Comisión.

El presidente desempeña un papel principal: define las orientaciones políticas y reparte las carteras entre los comisarios (mercado interior, política regional, transportes, medio ambiente, agricultura, comercio, etc.), cuya distribución puede modificar en todo momento. El Colegio establece los objetivos estratégicos y el programa de trabajo anual.

Los comisarios presentan propuestas al Colegio, que suele deliberar por consenso. A petición de un comisario, el Colegio también puede proceder a votación. En ese caso, las decisiones se toman por mayoría simple.

2.2.4. Tribunal de Justicia de las comunidades europeas

Desde su creación en 1952, el Tribunal de Justicia de la Unión Europea tiene por misión garantizar «el respeto del derecho en la interpretación y aplicación» de los Tratados. En el marco de esta misión, el Tribunal de Justicia de la Unión Europea: controla la legalidad de los actos de las instituciones de la Unión Europea, vela porque los Estados miembros respeten las obligaciones establecidas en los tratados e interpreta el derecho de la Unión a solicitud de los jueces nacionales. El Tribunal de Justicia de la Unión Europea, con sede en Luxemburgo, está integrado por tres órganos jurisdiccionales: el Tribunal de Justicia, el Tribunal General (creado en 1988) y el Tribunal de la Función Pública (creado en 2004). Desde que se crearon, estos tres órganos jurisdiccionales han dictado alrededor de 15 000 sentencias.

Dado que cada Estado miembro tiene su propia lengua y su sistema jurídico específico, el Tribunal de Justicia de la Unión Europea es una institución multilingüe. Su régimen lingüístico no tiene equivalente en ningún otro órgano jurisdiccional del mundo, puesto que cada una de las lenguas oficiales de la Unión puede ser lengua de procedimiento. El Tribunal de Justicia ha de respetar un multilingüismo integral debido a la necesidad de comunicarse con las partes en la lengua del procedimiento y de garantizar la difusión de su jurisprudencia en todos los Estados miembros.

Enlaces de interés:

Página del Tribunal de Justicia
http://curia.europa.eu/jcms/jcms/Jo1_6308/

El Tribunal de Justicia está compuesto por veintisiete jueces y nueve abogados generales. Los jueces y los abogados generales son designados de común acuerdo por los Gobiernos de los Estados miembros, previa consulta a un comité encargado de emitir un dictamen sobre la idoneidad de los candidatos propuestos para el ejercicio de las funciones de que se trate. Su mandato es de seis años con posibilidad de renovación. Se eligen entre personalidades que ofrezcan absolutas garantías de independencia y que reúnan las condiciones requeridas para el ejercicio, en sus países respectivos, de las más altas funciones jurisdiccionales o sean jurisconsultos de reconocida competencia.

Los jueces del Tribunal de Justicia eligen de entre ellos al presidente y al vicepresidente por un período de tres años renovable. El presidente dirige los trabajos del Tribunal de Justicia y preside las vistas y deliberaciones en las formaciones más numerosas del Tribunal. El vicepresidente asiste al presidente en el ejercicio de sus funciones y lo sustituye en caso de impedimento.

Los abogados generales asisten al Tribunal de Justicia. Están encargados de presentar, con toda imparcialidad e independencia, un dictamen jurídico (las «conclusiones») en los asuntos que se les asignen.

El secretario del Tribunal de Justicia es también secretario general de la institución, cuyos servicios dirige bajo la autoridad del presidente del Tribunal.

El Tribunal de Justicia puede reunirse en Pleno, en Gran Sala (quince jueces) o en Salas de cinco o tres jueces.

El Tribunal de Justicia actúa en Pleno en casos excepcionales previstos en su Estatuto (en particular, cuando deba destituir al defensor del pueblo o declarar el cese de un comisario europeo que haya incumplido sus obligaciones) y cuando considere que un asunto reviste una importancia excepcional.

Se reúne en Gran Sala cuando así lo solicita un Estado miembro o una institución que sea parte en el procedimiento, y para los asuntos particularmente complejos o importantes. El resto de los asuntos se examinan en Salas de cinco o tres jueces. Los presidentes de las Salas de cinco jueces son elegidos por tres años y los de las Salas de tres jueces por un año.

El **Tribunal General** está compuesto por al menos un juez por cada Estado miembro (veintiocho en 2013). Los jueces son nombrados de común acuerdo por los Gobiernos de los Estados miembros, previa consulta a un comité encargado de emitir un dictamen sobre la idoneidad de los candidatos. Su mandato es de seis años con posibilidad de renovación. Los jueces designan entre ellos, por tres años, a su presidente. Además nombran a un secretario por un período de seis años. Los jueces ejercen sus funciones con toda imparcialidad y con total independencia. Contrariamente al Tribunal de Justicia, el Tribunal General no dispone de abogados generales permanentes. No obstante, excepcionalmente puede confiarse esta función a un juez. El Tribunal General actúa en Salas compuestas por tres o cinco jueces o, en determinados casos, en formación de juez único. También puede reunirse en Gran Sala (trece jueces) o en Pleno, cuando la complejidad jurídica o la importancia del asunto lo justifiquen. Más del 80 % de los asuntos sometidos al Tribunal General son juzgados por una Sala de tres jueces. Los presidentes de las Salas integradas por cinco jueces se eligen de entre los jueces por un período de tres años. El Tribunal General dispone de su propia secretaría, pero utiliza los servicios del Tribunal de Justicia para cubrir sus necesidades administrativas y lingüísticas.

El **Tribunal de la Función Pública de la Unión Europea** está compuesto por siete jueces nombrados por el Consejo, por un período de seis años renovable, previos la convocatoria de candidaturas y la consulta a un comité compuesto por siete personalidades elegidas entre antiguos miembros del Tribunal de Justicia y del Tribunal General y juristas de reconocida competencia.

Al proceder al nombramiento de los jueces, el Consejo procurará que la composición del Tribunal de la Función Pública sea lo más equilibrada posible desde el punto de vista geográfico entre los nacionales de los Estados miembros y por lo que respecta a los sistemas jurídicos nacionales representados.

Los jueces del Tribunal de la Función Pública designan entre ellos, por un período de tres años renovable, a su presidente.

El Tribunal de la Función Pública actúa en Salas compuestas por tres jueces. No obstante, cuando la dificultad o la importancia de las cuestiones jurídicas lo justifiquen, un asunto podrá atribuirse al Tribunal en Pleno. Además, en los casos que determina su Reglamento de Procedimiento, puede actuar en Salas compuestas por cinco jueces o en formación de juez único. Los jueces nombran a un secretario por un período de seis años.

El Tribunal de la Función Pública dispone de su propia secretaría, pero utiliza los servicios del Tribunal de Justicia para cubrir sus demás necesidades administrativas y lingüísticas. Desde 2012, el Tribunal de la Función Pública puede recurrir a un juez suplente para cubrir la ausencia de un juez que, por razones médicas, sufra un impedimento para participar en la resolución de los asuntos por un período de tres meses como mínimo, sin hallarse, no obstante, en una situación de invalidez total.

A propuesta del presidente del Tribunal de Justicia, el Consejo establece una lista de tres jueces suplentes, elegidos entre los antiguos miembros del Tribunal de Justicia, del Tribunal General y del Tribunal de la Función Pública.

2.2.5. Tribunal de Cuentas Europeo

El Tribunal de Cuentas fue creado en 1975. Su sede está en Luxemburgo. El trabajo del Tribunal es comprobar que los fondos de la UE, que proceden de los contribuyentes, se recaudan adecuadamente y se emplean de forma legal, económica y para el propósito previsto. Su objetivo es garantizar que los contribuyentes obtengan el máximo rendimiento de su dinero, y tiene derecho a auditar a cualquier persona u organización que maneje fondos de la UE. El Tribunal está compuesto por un miembro de cada país de la UE, designado por el Consejo por un período renovable de seis años. Los miembros eligen a uno de entre ellos como presidente, por tres años.

Enlaces de interés:

Página del Tribunal de Cuentas Europeo
http://eca.europa.eu/portal/page/portal/eca_main_pages/home

El TCE se creó para auditar las finanzas de la UE, de modo que el punto de partida de su trabajo de auditoría es el presupuesto y las políticas de la UE, principalmente en ámbitos relacionados con el crecimiento y el empleo, el valor añadido, las finanzas públicas, el medio ambiente y la acción por el clima. El TCE audita tanto los ingresos como los gastos del presupuesto de la UE.

Los resultados del trabajo del Tribunal son utilizados por la Comisión, el Parlamento y el Consejo, así como por los Estados miembros, para supervisar y mejorar la gestión financiera del presupuesto de la UE y constituyen un elemento fundamental del procedimiento anual de aprobación de la gestión en virtud del cual el Parlamento, a partir de las recomendaciones del Consejo, decide si la Comisión ha cumplido o no sus obligaciones referentes a la ejecución del presupuesto del año anterior.

Los informes y dictámenes del TCE añaden valor a la gestión financiera de la UE al contribuir a los avances logrados en la Unión y acercarlos a los ciudadanos europeos. El objetivo del Tribunal es elaborar informes de auditoría pertinentes, oportunos y claros de gran calidad basándose en criterios adecuados y en sólidos elementos probatorios, que abordan las preocupaciones de las partes interesadas y que son considerados por los usuarios documentos importantes y provistos de autoridad. Entre las publicaciones del TCE cabe destacar los informes anuales, los informes anuales específicos, los informes especiales, los dictámenes y las tomas de posición.

El 80 % de la gestión del presupuesto de la UE es compartido con los Estados miembros, que cooperan con la Comisión en el establecimiento de sistemas de control interno y supervisión para garantizar que los fondos de la UE se gastan adecuadamente y de conformidad con las normas. Por tanto, el control interno tiene una doble vertiente, europea y nacional. Además del trabajo desempeñado por el TCE, muchas entidades fiscalizadoras superiores de los Estados miembros controlan los fondos europeos gestionados y utilizados por sus Administraciones nacionales. El TCE asume el compromiso de situarse a la vanguardia de las innovaciones en el campo de la gestión de las finanzas públicas y de la auditoría, y desempeña un importante papel en el desarrollo y aplicación de las normas internaciones (por ejemplo, INTOSAI).

2.2.6. Defensor del Pueblo Europeo

El cargo de Defensor del Pueblo Europeo fue creado por el Tratado de la Unión Europea (Maastricht, 1992). Es un órgano unipersonal vinculado estrechamente al Parlamento Europeo, y que recibe las reclamaciones en los casos de mala administración de las acciones de las instituciones y órganos comunitarios. El Defensor del Pueblo Europeo es elegido por el Parlamento para un mandato renovable de cinco años, período que corresponde a la legislatura del Parlamento.

Enlaces de interés:

Página del Defensor del Pueblo Europeo
http://www.ombudsman.europa.eu/home/es/default.htm

El Defensor del Pueblo Europeo es un órgano independiente e imparcial que tiene como misión vigilar el funcionamiento de la Administración de la UE. El Defensor del Pueblo investiga las reclamaciones de mala administración relativas a las instituciones, órganos y organismos de la UE. Únicamente el Tribunal de Justicia de la UE, en el ejercicio de sus funciones jurisdiccionales, queda fuera del ámbito de actuación del Defensor del Pueblo. El Defensor del Pueblo puede determinar que existe mala administración cuando una institución no respete los derechos fundamentales, las normas o principios jurídicos, o los principios de una buena administración.

Aquí se incluyen, por ejemplo, las irregularidades administrativas, el trato injusto, la discriminación, el abuso de poder, la falta de respuesta, la negativa a informar y los retrasos injustificados atribuibles a la Administración. Pueden presentar reclamaciones todos los ciudadanos o residentes de la UE, al igual que las empresas, asociaciones u otras entidades con sede en la UE. Para reclamar no es necesario que la mala administración les haya afectado personalmente. Hay que tener en cuenta que el Defensor del Pueblo Europeo solo puede tramitar las reclamaciones dirigidas contra la Administración de la UE, y no las relacionadas con las Administraciones nacionales, regionales o locales, aunque tales reclamaciones se refieran a temas europeos.

La Red Europea de Defensores del Pueblo

La contribución de los Defensores del Pueblo nacionales y regionales de toda la UE es de suma importancia, pues velan porque los ciudadanos y residentes puedan ejercer los derechos que les otorga la legislación europea. Los Defensores del Pueblo se ocupan de las quejas dirigidas contra las autoridades públicas nacionales, regionales o locales de los Estados miembros. Junto con el Defensor del Pueblo Europeo y la Comisión de Peticiones del Parlamento Europeo, constituyen la Red Europea de Defensores del Pueblo. Esta red incorpora a los Defensores del Pueblo nacionales y regionales y a otros organismos similares de los Estados miembros de la UE, de los países candidatos a la adhesión a la UE y de algunos otros países europeos.

Los casos concretos en que un Defensor del Pueblo puede intervenir varían dentro de la red, pero normalmente incluyen los siguientes: violación de derechos (incluidos los derechos humanos y los fundamentales), otras actuaciones ilegales (entre ellas el incumplimiento de los principios generales del derecho) y conductas incompatibles con los principios de la buena administración. En la Declaración de la Red Europea de Defensores del Pueblo se describen los servicios que los miembros de la red prestan a quienes presenten reclamaciones sobre asuntos que estén en el ámbito de aplicación de la legislación de la UE. Dicha declaración está disponible en la página web del

Defensor del Pueblo Europeo, donde se puede encontrar también información sobre cómo formular una queja ante cualquiera de los Defensores del Pueblo que conforman la red.

2.2.7. Supervisor europeo de protección de datos

La figura del supervisor europeo de protección de datos (SEPD) se creó en 2001. El SEPD tiene la responsabilidad de garantizar que las instituciones y organismos de la UE respeten el derecho de las personas a la intimidad en el tratamiento de sus datos personales.

Cuando las instituciones u organismos de la UE procesan datos personales sobre una persona que pueda ser identificada, deben respetar el derecho de esa persona a la intimidad. El SEPD se asegura de que así se haga y los aconseja sobre todos los aspectos del tratamiento de los datos personales.

El «tratamiento» cubre actividades tales como la recogida, el registro y el almacenamiento de la información; la recuperación para su consulta; el envío o la puesta a disposición de otras personas; así como el bloqueo, el borrado o la destrucción de datos.

Existen normas estrictas de protección de la intimidad que regulan estas actividades. Por ejemplo, no se permite que las instituciones y organismos de la UE procesen datos personales que revelen el origen racial o étnico, las tendencias políticas, las creencias religiosas o filosóficas o la afiliación a algún sindicato. Tampoco pueden procesar datos sobre la salud o la vida sexual de las personas, a menos que estos datos sean necesarios a efectos del cuidado de la salud; incluso en tal caso los datos deberán ser procesados por un profesional de la salud u otra persona que esté obligada por el secreto profesional.

El SEPD trabaja con los responsables de la protección de datos de cada institución u organismo de la UE, para garantizar que se apliquen las normas de confidencialidad de dichos datos.

En 2009, Peter Hustinx inició su segundo mandato como supervisor europeo de protección de datos y Giovanni Buttarelli fue nombrado supervisor adjunto. Sus mandatos terminaron en enero de 2014.

Si un ciudadano considera tener razones para creer que su derecho a la intimidad ha sido vulnerado por alguna institución u organismo de la UE, primero debe dirigirse a los responsables del tratamiento de sus datos. Si no está satisfecho con el resultado, debe contactar con el funcionario de protección de datos pertinente (sus nombres están disponibles en el sitio web del SEPD). También puede presentar una denuncia ante el supervisor europeo de protección de datos, quien la investigará y le hará saber lo antes posible si está de acuerdo con ella y, en caso afirmativo, cómo se resolverá la situación. Por ejemplo, podría pedir a la institución u organismo en cuestión que corrija, bloquee, borre o destruya cualquier dato personal que se haya procesado ilegalmente.

En caso de discrepancia con la decisión del SEPD, puede acudirse al Tribunal de Justicia.

Dirección de contacto

Supervisor europeo de protección de datos
Rue Wiertz/Wiertzstraat 60
B-1047 Bruxelles/Brussel
Belgique/België

Tel: +32 2 283 19 00
Fax: +32 2 283 19 50

2.3. Ordenamiento jurídico comunitario

2.3.1. Derecho originario: características. Revisiones. Reformas

El ordenamiento jurídico comunitario es un «conjunto organizado y estructurado de normas jurídicas que poseen fuentes propias, dotado de órganos y procedimientos aptos para dictarlas, para interpretarlas, así como para determinar y sancionar las violaciones». En palabras del Tribunal de Justicia:

«El TCE ha instituido un ordenamiento jurídico propio, integrado en el sistema jurídico de los Estados miembros (...) y que se impone a sus órganos jurisdiccionales; que, en efecto, al crearse una Comunidad de duración ilimitada, dotada de instituciones propias, de personalidad, de capacidad jurídica, con capacidad de representación internacional y, más particularmente, de poderes reales nacidos de una limitación de competencias o de una transferencia de atribuciones de los Estados de la Comunidad, estos últimos han limitado, aunque en esferas restringidas, sus derechos soberanos y han creado, de esta forma, un derecho aplicable tanto a sus nacionales como a ellas mismas» (Sentencia Costa/ENEL de 15 de julio de 1964).

La «constitución comunitaria», es decir, los tratados constitutivos de las comunidades europeas, están fundados en el principio de atribución de competencias, de tal modo que las comunidades no pueden ejercer poder alguno que no haya sido atribuido por los Estados miembros. Sin embargo, este principio debe ser entendido teniendo en cuenta el carácter evolutivo de la integración europea, puesto de manifiesto por la jurisprudencia del Tribunal de Justicia, y la posibilidad de ampliación de estas competencias.

En suma, tal y como ha señalado el Tribunal de Justicia, se puede considerar que, a diferencia de otros tratados internacionales, «el Tratado CEE, aunque concluido bajo la forma de un acuerdo internacional, no deja de constituir, en modo alguno, la carta constitucional de una comunidad de derecho» (Dictamen 1/1991, de 14 de diciembre de 1991).

Las fuentes del ordenamiento jurídico comunitario son los tratados y los actos de las instituciones, así como el derecho internacional y los principios generales del derecho. Por otra parte, la jurisprudencia del Tribunal de Justicia tiene una función primordial en la interpretación y aplicación del derecho comunitario.

Como se ve, el ordenamiento jurídico comunitario procede de diversas fuentes y es la base del sistema institucional. No ha de olvidarse, en definitiva, que:

1.- El derecho comunitario regula las relaciones entre las instituciones de la Comunidad Europea y establece los procedimientos de toma de decisiones. Otorga a la Comunidad el poder de actuación mediante reglamentos, directivas, decisiones, recomendaciones y dictámenes que tienen efectos obligatorios frente a los Estados miembros. El ciudadano se convierte de esta forma en una pieza clave de la Comunidad, mientras que el ordenamiento jurídico de esta influye cada vez más en su vida cotidiana. Al ciudadano se le confieren derechos y se le imponen obligaciones, sometido como está, en su calidad de nacional de un Estado miembro de la Comunidad, a ordenamientos jurídicos de ámbitos distintos, como el caso del régimen federal.

2.- El derecho comunitario determina también la relaciones entre la Comunidad Europea y sus Estados miembros; estos últimos deben tomar todas las medidas apropiadas para cumplir las obligaciones que les incumben en virtud de los tratados o de los actos de las instituciones comunitarias. Les corresponde ayudar a la Comunidad a llevar a buen fin su misión y abstenerse de todas las medidas que puedan poner en peligro la realización de los objetivos de los tratados.

3.- El orden jurídico comunitario obedece a dos principios fundamentales: al de la legalidad de los actos de las instituciones y al de protección jurídica de aquellos que están sometidos a las normas comunitarias.

El principal método de toma de decisiones en la UE se conoce como **procedimiento legislativo ordinario** (antes denominado «codecisión»). En virtud de este procedimiento, el Parlamento Europeo, elegido directamente, debe aprobar la legislación de la UE junto con el Consejo, formado por los Gobiernos de los 27 países miembros. La Comisión elabora y aplica la legislación europea.

La Unión Europea se basa en el Estado de Derecho. Esto significa que todas las acciones que emprende se basan en los tratados, que han sido aprobados voluntaria y democráticamente por todos sus países miembros.

El Tratado de Lisboa amplía los ámbitos en que se utiliza el procedimiento legislativo ordinario. El Parlamento Europeo también tiene más capacidad de bloquear una propuesta si no está de acuerdo con el **Consejo**.

Los objetivos de los tratados de la UE se materializan mediante varios tipos de actos legislativos, entre los que se incluyen los reglamentos, las directivas, las recomendaciones y los dictámenes. Algunos son vinculantes y otros no. Algunos se aplican a todos los países de la UE y otros solo a unos pocos.

Los derechos y obligaciones previstos en la legislación europea no solo incumben a los Estados miembros: algunas normas se aplican directamente a los ciudadanos y las empresas. El derecho europeo forma parte integrante del ordenamiento jurídico de los Estados miembros, que son los primeros responsables de transponerlo y aplicarlo correctamente. Por tanto, todo ciudadano tiene derecho a exigir a las autoridades de cualquier país miembro que observen correctamente sus derechos europeos.

La legislación de la UE adopta la forma de:

- Tratados constitutivos de la Unión Europea y que regulan su funcionamiento.

- Reglamentos, directivas y decisiones de la UE, con efecto directo o indirecto en los Estados miembros.

- La jurisprudencia de la UE se compone de las sentencias del Tribunal de Justicia de la Unión Europea, que interpreta la legislación de la UE.

Tratados de la UE

La Unión Europea se basa en el Estado de Derecho. Esto significa que todas las acciones que emprende se basan en los tratados, que han sido aprobados voluntaria y democráticamente por todos sus países miembros. Así, por ejemplo, si los tratados no citan un determinado ámbito de actuación, la Comisión no puede proponer legislación sobre él.

Un tratado es un acuerdo vinculante entre los países miembros de la UE. Establece los objetivos de la UE, las normas aplicables a sus instituciones, la manera en que se toman las decisiones y la relación existente entre esta y sus países miembros.

Los tratados se modifican para aumentar la eficacia y la transparencia de la UE, para preparar la llegada de nuevos países miembros y para introducir nuevos ámbitos de cooperación, como la moneda única.

A continuación figuran los principales tratados:

Tratado de Lisboa	• Firma: 13 de diciembre de 2007
	• Entrada en vigor: 1 de diciembre de 2009
	• Finalidad: hacer la UE más democrática, más eficiente y mejor capacitada para abordar, con una sola voz, los problemas mundiales, como el cambio climático.
	• Principales cambios: aumento de competencias del Parlamento Europeo, cambio de los procedimientos de voto en el Consejo, **iniciativa ciudadana,** carácter permanente del puesto de presidente del Consejo Europeo, nuevo puesto de alto representante para Asuntos Exteriores y nuevo servicio diplomático de la UE.
	• El Tratado de Lisboa aclara qué competencias:
	  – Se atribuyen a la UE.
	  – Se atribuyen a los países miembros de la UE.
	  – Se comparten.
	• **El Tratado por el que se establece una Constitución para Europa** (2004), con objetivos similares a los del Tratado de Lisboa, se firmó pero no llegó a ratificarse.

Tratado de Niza	• Firma: 26 de febrero de 2001 • Entrada en vigor: 1 de febrero de 2003 • Finalidad: reformar las instituciones para que la UE pudiese funcionar eficientemente tras sumar 25 países miembros. • Principales cambios: métodos para cambiar la composición de la Comisión y redefinir el sistema de voto en el Consejo. • **Texto completo del Tratado de Niza**
Tratado de Ámsterdam	• Firma: 2 de octubre de 1997 • Entrada en vigor: 1 de mayo de 1999 • Finalidad: reformar las instituciones de la UE para preparar la llegada de futuros países miembros. • Principales cambios: modificación, renumeración y consolidación de los tratados CEE y UE. Mayor transparencia en la toma de decisiones (se recurre más a menudo al voto por el **procedimiento de codecisión**). • **Texto completo del Tratado de Ámsterdam**

Tratado sobre la Unión Europea Tratado de Maastricht	• Firma: 7 de febrero de 1992 • Entrada en vigor: 1 de noviembre de 1993 • Finalidad: preparar la Unión Monetaria Europea e introducir elementos de unión política (ciudadanía, políticas comunes de asuntos exteriores y de interior). • Principales cambios: establecimiento de la Unión Europea e introducción del procedimiento de codecisión, dando más protagonismo al Parlamento en la toma de decisiones. Nuevas formas de cooperación entre los Gobiernos de la UE, por ejemplo, en materia de defensa y de justicia e interior. • **Texto completo del Tratado de Maastricht**
Acta Única Europea	• Firma: 17 de febrero de 1986 (Luxemburgo) / 28 de febrero de 1986 (La Haya) • Entrada en vigor: 1 de julio de 1987 • Finalidad: reformar las instituciones para preparar la adhesión de España y Portugal, y agilizar la toma de decisiones para preparar la llegada del mercado único. • Principales cambios: ampliación de la votación por mayoría cualificada en el Consejo (para hacer más difícil el veto de las propuestas legislativas por un único país) y creación de los procedimientos de cooperación y dictamen conforme, que dan más peso al Parlamento. • **Texto Completo del Acta Única Europea**
Tratado de Fusión Tratado de Bruselas	• Firma: 8 de abril de 1965 • Entrada en vigor: 1 de julio de 1967 • Finalidad: racionalizar las instituciones europeas. • Principales cambios: creación de una única Comisión y un único Consejo al servicio de los que, por aquel entonces, estaban las tres comunidades europeas (CEE, EURATOM y CECA). Fue derogado por el Tratado de Ámsterdam. • **Texto completo del Tratado de Fusión**
Tratados de Roma - Tratados CEE y EURATOM	• Firma: 25 de marzo de 1957 • Entrada en vigor: 1 de enero de 1958 • Finalidad: instaurar la Comunidad Económica Europea (CEE) y la Comunidad Europea de la Energía Atómica (EURATOM). • Principales cambios: profundización de la integración europea para incluir la cooperación económica general. • **Tratado constitutivo de la Comunidad Económica Europea** • **Tratado constitutivo de la Comunidad Europea de la Energía Atómica**

Tratado constitutivo de la Comunidad Europea del Carbón y del Acero	• Firma: 18 de abril de 1951 • Entrada en vigor : 23 de julio de 1952 • Expiración: 23 de julio de 2002 • Finalidad: crear la interdependencia en el sector del carbón y del acero, de tal modo que, a partir de ese momento, no pueda suceder que un país movilice sus fuerzas armadas sin que los demás países tengan conocimiento de ello. Con ello se mitigaron la desconfianza y las tensiones tras la Segunda Guerra Mundial. El Tratado CECA expiró en 2002. • **Texto completo del Tratado constitutivo de la Comunidad Europea del Carbón y del Acero**

Los tratados constitutivos se modificaron con la adhesión de nuevos países de la UE:

- 1973: Dinamarca, Irlanda y Reino Unido.

- 1981: Grecia.

- 1986: España y Portugal.

- 1995: Austria, Finlandia y Suecia.

- 2004: Chipre, Eslovaquia, Eslovenia, Estonia, Hungría, Letonia, Lituania, Malta, Polonia y República Checa.

- 2007: Bulgaria y Rumanía.

- 2013: Croacia.

2.3.2. Derecho institucional (derivado): reglamento. Directiva. Decisión. Dictamen. Recomendación

A diferencia de los tratados constitutivos de las comunidades, que forman parte del derecho originario o primario, el denominado derecho derivado es el que emana, precisamente, como consecuencia de lo preceptuado en aquellos. Se trata de un conjunto amplio de normas jurídicas que, en base a los tratados fundacionales, son dictadas por los órganos institucionales que tienen reconocida competencia para emanarlas. Así pues, el contenido mismo de los tratados es el que posibilita que tanto el Consejo como la Comisión puedan elaborar disposiciones tendentes a lograr los objetivos previstos para alcanzar progresivamente la integración de los Estados miembros. Estas disposiciones normativas conforman el llamado derecho derivado, que constituye una parte muy importante de las fuentes obligatorias del ordenamiento jurídico comunitario.

Se llama, en definitiva, «derecho comunitario derivado», segunda gran fuente del derecho comunitario, el creado por las instituciones comunitarias a partir de los tratados. Se trata de un sistema de actos jurídicos comunitarios cuya concepción debió realizarse al crearse la Comunidad. La cuestión principal que se planteaba entonces era la de definir la naturaleza y los efectos de los actos comunitarios. Al respecto se debía tener en cuenta, por un lado, que las instituciones debían poder actuar eficazmente, es decir, de manera que sus actos vinculasen u obligasen a los Estados miembros. Asimismo, no se debía interferir más de lo necesario en los ordenamientos jurídicos nacionales. El conjunto del sistema normativo jurídico de la Comunidad Europea obedece al principio según el cual las normativas nacionales deben ser reemplazadas por un acto comunitario cuando sea necesaria una normativa común a todos los Estados miembros. Cuando no exista esa necesidad deben tenerse en cuenta los ordenamientos jurídicos nacionales existentes (principio de subsidiariedad).

Fueron teniendos en cuenta dichos razonamientos como se desarrollaron los instrumentos que permiten a las instituciones comunitarias actuar a diferentes niveles en los ordenamientos jurídicos nacionales. La forma extrema es aquella en que la reglamentación nacional es reemplazada por la reglamentación comunitaria. A continuación, existen las disposiciones comunitarias, que permiten a las instituciones de la Comunidad actuar indirectamente sobre los ordenamientos jurídicos de los Estados miembros para regular un caso concreto. Queda después la posibilidad de la adopción de medidas dirigidas a una persona concreta. Todos estos son los denominados ACTOS TÍPICOS comunitarios, obligatorios.

Y, por último, existen los actos jurídicos que no contienen ninguna disposición obligatoria para los Estados miembros o para los ciudadanos de la Comunidad, los llamados también ACTOS TÍPICOS, pero no obligatorios.

Estas formas clásicas de actos jurídicos se encuentran en los tres tratados fundacionales comunitarios. Sin embargo, existen diferencias en la presentación concreta y la definición de los actos jurídicos entre el Tratado CECA y los tratados CEE y CEEA. Mientras que en el Tratado CECA solo se prevén tres tipos de actos: decisiones, recomendaciones y dictámenes, los otros dos tratados establecen cinco tipos: reglamentos, directivas, decisiones, recomendaciones y dictámenes. En efecto, se había llegado a la conclusión de que las formas previstas en el Tratado CECA no respondían convenientemente a las exigencias que implicaba la CEE y la CEEA. Al mismo tiempo, con la introducción de las nuevas definiciones, se quisieron remediar las lagunas de la clasificación de los actos jurídicos del Tratado CECA. Las diferencias de orden conceptual resultantes fueron aceptadas deliberadamente y más tarde eliminadas con ocasión de la fusión de las tres comunidades con el Tratado de la Unión Europea. De todas formas, desde el año 2001, el Tratado CECA ha dejado de estar en vigor.

Los objetivos de los tratados de la UE se materializan mediante varios tipos de actos legislativos. Algunos son vinculantes y otros no. Algunos se aplican a todos los países de la UE y otros solo a unos pocos.

Reglamentos

Un reglamento es un acto legislativo vinculante. Debe aplicarse completamente en toda la UE. Por ejemplo, cuando la UE quiere proteger las **denominaciones de productos agrícolas** procedentes de determinadas zonas, como el jamón de Parma, el Consejo adopta un reglamento.

Directivas

Una directiva es un acto legislativo en el cual se establece un objetivo que todos los países de la UE deben cumplir. Pero cada país debe decidir individualmente cómo hacerlo. Es el caso de la **directiva sobre la distribución del tiempo de trabajo,** que dispone que el exceso de tiempo de trabajo sea ilegal. La directiva establece períodos mínimos de descanso y un número máximo de horas de trabajo, pero cada país ha de elaborar sus propias normas para aplicarla.

Decisiones

Una decisión es vinculante para aquellos a quienes se dirige (un país de la UE o una empresa concreta), y es directamente aplicable. Por ejemplo, cuando la Comisión adoptó una decisión contra Microsoft por abuso de su posición dominante en el mercado, esta se aplicó solo a Microsoft.

Recomendaciones

Una recomendación no es vinculante. Cuando la Comisión adoptó la recomendación de que **las políticas de remuneración en el sector de los servicios financieros no debían fomentar el riesgo excesivo,** no tenía ninguna consecuencia legal. Una recomendación permite a las instituciones dar a conocer sus puntos de vista y sugerir una línea de actuación sin imponer obligaciones legales a quienes se dirige.

Dictámenes

Un dictamen es un instrumento que permite a las instituciones hacer una declaración de manera no vinculante, es decir, sin imponer obligaciones legales a quienes se dirige. Pueden emitirlo las principales instituciones de la UE

(Comisión, Consejo y Parlamento), el Comité de las Regiones y el Comité Económico y Social Europeo. Mientras se elabora la legislación, los comités emiten dictámenes desde su propio punto de vista, regional o económico y social. Por ejemplo, el Comité de las Regiones emitió un dictamen sobre la manera en que las regiones contribuirían a los objetivos de energía de la UE.

2.3.3. Otros procedimientos de formación de normas

El procedimiento usual de toma de decisiones en la UE se denomina «codecisión». Significa que el Parlamento Europeo, directamente elegido, debe aprobar la legislación de la UE junto con el Consejo, formado por los Gobiernos de los 27 países miembros.

Antes de proponer nuevas iniciativas, la Comisión evalúa sus posibles consecuencias económicas, sociales y ecológicas mediante las «evaluaciones de impacto», que analizan las ventajas y desventajas de las posibles opciones.

La **Comisión consulta también a las partes interesadas,** como, por ejemplo, las organizaciones no gubernamentales, las autoridades locales y los representantes de la industria y la sociedad civil. Hay también grupos de expertos que asesoran sobre cuestiones técnicas. De este modo, la Comisión garantiza que las propuestas legislativas correspondan a las necesidades de los interesados y evita trámites innecesarios.

Los ciudadanos, las empresas y las organizaciones pueden participar en el procedimiento de consulta a través de la web de **consultas públicas.**

Los parlamentos nacionales pueden expresar oficialmente sus reservas si creen que es mejor tratar un asunto a escala nacional y no europea.

El Parlamento Europeo y el Consejo revisan las propuestas de la Comisión y proponen modificaciones. Si el Consejo y el Parlamento no están de acuerdo en las modificaciones, se efectúa una segunda lectura.

En esa segunda lectura, el Parlamento y el Consejo pueden volver a proponer modificaciones. El Parlamento puede bloquear la legislación propuesta si no está de acuerdo con el Consejo.

Si las dos instituciones están de acuerdo en las modificaciones, la legislación propuesta puede adoptarse. En caso contrario, un comité de conciliación intenta buscar una solución. Tanto el Consejo como el Parlamento pueden bloquear la propuesta legislativa en la lectura final.

Dentro del tercer grupo de fuentes podríamos distinguir dos clases: las que se inscriben en el marco del derecho internacional y las que se podrían considerar como fuentes del derecho en general.

Entre las que se inscriben en el marco del derecho internacional, destacan los acuerdos y decisiones de los representantes de los Estados miembros reunidos en el seno del Consejo y los acuerdos concluidos por la Comunidad con terceros. Precisamente a estos últimos se refiere el art. 300 TCE (antiguo 228) cuando señala que estos acuerdos «serán vinculantes para las instituciones de la Comunidad, así como para los Estados miembros».

En cuanto a las fuentes del derecho en general, hoy en día se señala la escasa importancia que tiene la costumbre para crear normas en el derecho comunitario. Sin embargo, sí es importante la posición que ocupan los principios generales en el derecho comunitario, frecuentemente invocados por el TJCE, unas veces como fuente autónoma suya, y otras como criterio de interpretación de sus fuentes restantes. Siguiendo precisamente la jurisprudencia del TJCE podríamos distinguir cuatro clases de principios:

- Principios comunes a todos los sistemas jurídicos o, como ha llamado el TJCE, «principios elementales del derecho»: buena fe, legalidad, seguridad jurídica...

- Principios generales del derecho internacional. El TJCE los ha aplicado en determinadas ocasiones, refiriéndose, entre otros, al principio *Pacta sunt servanda* o al principio de que no se puede cerrar el acceso de los súbditos propios al territorio nacional. Pero, en otros casos, el propio Tribunal ha negado expresamente la aplicabilidad de un determinado principio general del derecho internacional. En concreto, se trata de la Sentencia de 1964 en el Asunto Luxemburgo vs. Bélgica, en que afirmó que no es aplicable el principio de que el incumplimiento de las obligaciones derivadas de un tratado permite a la otra parte incumplir sus obligaciones.

- Principios generales comunes a los Estados miembros. Son los principios que primero invocó el Tribunal de Justicia como fundamento de sus decisiones, debido, probablemente, a que a ellos se refiere el art. 288 TCE (antiguo 215). Sin embargo, como observan los autores, el Tribunal no extrae estos principios generales mediante una superposición de todos los ordenamientos internos, para comprobar si coincide su presencia en todos ellos. Todo lo contrario: elige entre los principios que rigen en unos y otros Estados, aquellos que considera más acordes con las finalidades perseguidas por los tratados fundacionales.

- Principios generales del derecho comunitario, en sentido estricto. De estos principios, algunos se basan en preceptos concretos de tratados (no discriminación por razón de nacionalidad, libre circulación, solidaridad, primacía del derecho comunitario...) y otros se deducen de su articulado (proporcionalidad...).

Tratados internacionales

Otra fuente del derecho comunitario está vinculada al papel de la Comunidad a escala internacional. Siendo uno de los polos del mundo, Europa no puede limitarse a administrar asuntos internos, sino que debe, igualmente, esforzarse en desarrollar sus relaciones económicas, sociales y políticas con otros países del planeta. A tal efecto, la Comunidad Europea celebra acuerdos internacionales con los «países no miembros» de la Comunidad (terceros países) y otras organizaciones internacionales, que van desde los tratados de cooperación completa en los campos comercial, industrial, técnico y social a los acuerdos sobre el comercio de ciertos productos. El número de acuerdos concluidos por la Comunidad Europea con terceros países ha aumentado considerablemente en estos últimos años, paralelamente al esfuerzo de su papel económico y al crecimiento de sus actividades comerciales. Merecen especial atención tres formas de relaciones contractuales entre la Comunidad Europea y los terceros países, a los que cabe añadir los tratados entre los propios Estados miembros, en materias no competencia de la Comunidad Europea:

a) Acuerdos de asociación. La asociación es una forma especial de relación contractual con terceros países que garantiza una estrecha cooperación económica y un apoyo financiero por encima de las reglas que rigen la política comercial. Pueden distinguirse dos tipos de acuerdos de asociación:

- Acuerdos sobre mantenimiento de vínculos especiales entre algunos Estados miembros de la CE y terceros países. La asociación es un instrumento que tiene su origen en las estrechas relaciones económicas mantenidas entre países de ultramar y Estados como Bélgica, Francia, Italia y Países Bajos, en virtud de los antiguos regímenes coloniales. Se establece con esos países un especial régimen arancelario y se producen ayudas técnicas y financieras de la CE, ayudas que se canalizan a través de los fondos europeos de desarrollo.

- Acuerdos sobre la preparación de una posible adhesión y sobre la construcción de una unión aduanera (por ejemplo, lo ocurrido con los antiguos países de la Europa del Este).

b) Acuerdos de cooperación. Estos acuerdos no van tan lejos como los de asociación, ya que tienen como único objetivo una intensa colaboración económica. Este tipo de acuerdos vinculan a la CE con los Estados del Magreb (Marruecos, Argelia y Túnez), de Mashrek (Egipto, Jordania, Líbano y Siria) e Israel.

c) Tratados celebrados por los Estados miembros antes de la creación de la Comunidad. En virtud del TCEE, «las disposiciones del presente tratado no afectarán a los derechos y obligaciones que resulten de convenios celebrados con anterioridad a la entrada en vigor del presente tratado, entre uno o varios Estados miembros por una parte y uno o varios terceros Estados por otra». Sin embargo, en los casos en que las comunidades asumen competencias ejercidas previamente por los Estados, los acuerdos celebrados por ellos antes de la constitución de las comunidades tiene carácter obligatorio para la comunidades. Aunque, en alguna sentencia, el Tribunal de Justicia consideró que este tipo de tratados no tenía por efecto vincular a la Comunidad con respecto a un tercer Estado interesado.

d) Convenios entre los Estados miembros. Se trata, por una parte, de convenios concluidos para regular cuestiones que están estrechamente ligadas a las actividades de la CE, pero para las cuales las instituciones comunitarias no disponen de competencias y, por otra parte, de auténticos acuerdos internacionales entre los países miembros que tienden en particular a ampliar los límites territoriales de las reglamentaciones nacionales y a crear un derecho uniforme a escala de la Comunidad. Revisten importancia, sobre todo, el campo del derecho internacional privado. Así, se han concluido los convenios relativos a la competencia judicial y ejecución de sentencias en materia civil y mercantil (1968) y el reconocimiento mutuo de las sociedades y de las personas jurídicas (1968).

La jurisprudencia

Ha de admitirse, como lo hace la mayoría de los autores, que el conjunto de decisiones del Tribunal de Justicia ha adquirido una gran autoridad en el contexto de la formulación del derecho comunitario. La amplitud y la profundidad de la sentencias del Tribunal han ido poco a poco precisando el cuerpo jurídico de la Comunidad. Cabe afirmar, en definitiva, que la jurisprudencia del Tribunal de Justicia de la Comunidad constituye una fuente esencial del derecho comunitario, dado que, en muy numerosas ocasiones, el órgano jurisdiccional comunitario, a través de sus decisiones, viene a completar y precisar las disposiciones de los tratados fundacionales, al mismo tiempo que, cumpliendo otra de sus funciones específicas, asegura el respeto a dichos tratados.

A modo de resumen al tratar esta cuestión, se manifiesta que está convencido que a la jurisprudencia del Tribunal de Justicia no puede reconocérsele simplemente el papel de fuente del derecho comunitario, sino que además, dentro de la categoría de las fuentes, debe tenderse a considerar su inclusión en el contexto de las que presentan la virtualidad de ser obligatorias.

2.3.4. Aplicabilidad directa. Primacía del derecho comunitario

El principio de efecto directo (o de aplicabilidad directa) permite a los particulares invocar directamente una norma europea ante una jurisdicción nacional o europea. Este principio únicamente afecta a determinados actos europeos. Sin embargo, está sujeto a varias condiciones. El efecto directo del derecho europeo constituye, con el principio de primacía, un principio básico del derecho europeo. Dicho principio fue consagrado por el Tribunal de Justicia de la Unión Europea (TJUE), y permite a los particulares invocar directamente el derecho europeo ante los tribunales, independientemente de que existan textos en el derecho nacional.

El principio de efecto directo garantiza así la aplicabilidad y la eficacia del derecho europeo en los Estados miembros. No obstante, el TJUE ha definido varias condiciones para que un acto jurídico europeo sea directamente aplicable. Por otro lado, el efecto directo de un acto puede afectar únicamente a las relaciones entre un particular y un Estado miembro, o ampliarse a las relaciones entre todos los particulares.

El efecto directo del derecho europeo fue consagrado por el Tribunal de Justicia en la Sentencia Van Gend en Loos, de 5 de febrero de 1963. En esta sentencia, el Tribunal declara que el derecho europeo no solo genera obligaciones para los Estados miembros, sino también derechos para los particulares. En consecuencia, los particulares pueden alegar estos derechos e invocar directamente normas europeas ante las jurisdicciones nacionales y europeas. Por tanto, no es necesario que el Estado miembro recoja la norma europea en cuestión en su ordenamiento jurídico interno.

El efecto directo reviste dos aspectos: un efecto vertical y un efecto horizontal. El efecto directo vertical interviene en las relaciones entre los particulares y el Estado, lo que significa que los particulares pueden prevalerse de una norma europea frente al Estado.

El efecto directo horizontal interviene en las relaciones entre particulares, lo que significa que un particular puede prevalerse de una norma europea frente a otro particular. Según el tipo de acto en cuestión, el Tribunal de Justicia admite, o el efecto directo completo, es decir, un efecto directo horizontal y un efecto directo vertical, o el efecto directo parcial, que se limita al efecto directo vertical.

Por cuanto al derecho primario se refiere, es decir, los textos más importantes del ordenamiento jurídico europeo, en la Sentencia Van Gend en Loos, el Tribunal de Justicia sentó el principio del efecto directo. No obstante, indicó como condición que las obligaciones deben ser precisas, claras, incondicionales y no requerir medidas complementarias, tanto de carácter nacional como europeo.

En la Sentencia Becker (sentencia de 19 de enero de 1982), el Tribunal de Justicia rechaza el efecto directo en cuanto los Estados poseen un margen de maniobra relativa a la aplicación de la disposición contemplada (Sentencia de 12 de diciembre de 1990, Kaefer y Procacci), por mínima que sea.

El principio de efecto directo también se aplica a los actos procedentes del derecho derivado, es decir, a los que han sido aprobados por las instituciones en base a los tratados constitutivos. No obstante, el ámbito de aplicación del efecto directo depende del tipo de acto:

El **reglamento**: los reglamentos siempre tienen un efecto directo. El artículo 288 del Tratado de Funcionamiento de la UE efectivamente señala que los reglamentos son directamente aplicables en los Estados miembros. El Tribunal de Justicia indica en la Sentencia Politi, de 14 de diciembre de 1971, que se trata de un efecto directo completo.

La **directiva**: la directiva es un acto dirigido a los Estados miembros y estos deben transponerlo a sus derechos nacionales. No obstante, el Tribunal de Justicia les reconoce en algunos casos un efecto directo al objeto de proteger los derechos de los particulares. En consecuencia, el Tribunal establece en su jurisprudencia que una directiva tendrá un efecto directo si sus disposiciones son incondicionales y suficientemente claras y precisas (Sentencia, de 4 de diciembre de 1974, Van Duyn). Sin embargo, el efecto directo solo puede ser de carácter vertical y únicamente es válido si los Estados miembros no han transpuesto la directiva en los plazos correspondientes (Sentencia, de 5 de abril de 1979, Ratti).

La **decisión**: las decisiones pueden tener un efecto directo si designan un Estado miembro como destinatario. En tal caso, el Tribunal de Justicia reconoce un efecto directo únicamente vertical (Sentencia, de 10 de noviembre de 1972, Hansa Fleisch).

Los **acuerdos internacionales**: en la Sentencia Demirel, de 30 de septiembre de 1987, el Tribunal de Justicia reconoce un efecto directo a determinados acuerdos en función de los mismos criterios que se desprenden de la Sentencia Van Gend en Loos.

Los **dictámenes y recomendaciones**: los dictámenes y recomendaciones no tienen una fuerza jurídica vinculante. En consecuencia, no tienen efecto directo.

Primacía del derecho europeo

Con arreglo al principio de primacía, el derecho europeo tiene un valor superior a los derechos nacionales de los Estados miembros. El principio de primacía es válido para todos los actos europeos de aplicación obligatoria. Por tanto, los Estados miembros no pueden aplicar una norma nacional contraria al derecho europeo. El principio de primacía garantiza la superioridad del derecho europeo sobre los derechos nacionales. Se trata de un principio fundamental del derecho europeo. Al igual que el **principio de efecto directo**, no está inscrito en los tratados, pero ha sido consagrado por el Tribunal de Justicia de la Unión Europea (TJUE).

El TJUE consagró el principio de primacía en la Sentencia Costa contra Enel, de 15 de julio de 1964. En esta sentencia, el Tribunal declara que el derecho procedente de las instituciones europeas se integra en los sistemas jurídicos de los Estados miembros, que están obligados a respetarlo. Por tanto, el derecho europeo tiene primacía sobre los derechos nacionales. En consecuencia, si una norma nacional es contraria a una disposición europea, las autoridades de los Estados miembros deben aplicar la disposición europea. El derecho nacional no se anula ni deroga, pero su carácter obligatorio queda suspendido.

El Tribunal también señala que la primacía del derecho europeo se aplica a todos los actos nacionales, independientemente de si fueron adoptados antes o después del acto europeo en cuestión. Al ser el derecho europeo superior al derecho nacional, el principio de primacía garantiza una protección uniforme de los ciudadanos por parte del derecho europeo en todo el territorio de la UE.

La primacía del derecho europeo sobre los derechos nacionales es absoluta. Por tanto, todos los actos europeos con carácter obligatorio se benefician de él, tanto si proceden del **derecho primario** como del **derecho derivado**.

Del mismo modo, todos los actos nacionales están sujetos a este principio, con independencia de su naturaleza: ley, reglamento, decreto, resolución, circular, etc. Es irrelevante que estos textos procedan del poder ejecutivo o del poder legislativo del Estado miembro. El poder judicial está igualmente sujeto al principio de primacía. En efecto, el derecho que genera, la jurisprudencia, debe acatar el de la Unión.

El Tribunal de Justicia consideró que las constituciones nacionales también están sujetas al principio de primacía. Por tanto, corresponde al juez nacional no aplicar las disposiciones de una constitución contraria al derecho europeo.

Como ocurre con el **principio de efecto directo,** el Tribunal de Justicia ejerce el control de la correcta aplicación del principio de primacía. Sanciona a los Estados miembros que no la respetan mediante las decisiones que dicta sobre los fundamentos de los distintos recursos previstos por los tratados constitutivos, en particular, el **recurso por incumplimiento.**

Corresponde también al juez nacional hacer respetar el principio de primacía. Este puede, en su caso, hacer uso del **procedimiento prejudicial,** en caso de duda en cuanto a la aplicación de este principio. En una Sentencia de 19 de junio de 1990 (Factortame), el Tribunal de Justicia indicó que una jurisdicción nacional, en el marco de una cuestión prejudicial sobre la validez de una norma nacional, deberá suspender inmediatamente la aplicación de esta norma, a la espera de la solución preconizada por el Tribunal de Justicia y de la sentencia que el órgano jurisdiccional dicte al respecto en cuanto al fondo.

2.4. Diario Oficial de la Unión Europea

El Diario Oficial de la Unión Europea (DO) es el único boletín que se publica todos los días laborables en todas las lenguas oficiales de la Unión Europea (UE). Se compone de dos series conexas (L para la legislación y C para las comunicaciones e informaciones) y el suplemento S (para los contratos públicos). También hay una sección electrónica para la serie C, conocida como DO C E. Los documentos publicados en el DO C E solo se publican en formato electrónico.

Series L y C del DO.

- La serie L contiene la legislación comunitaria, a saber:

  - Reglamentos.

  - Directivas.

  - Decisiones

  - Recomendaciones.

  - Dictámenes.

Además, el repertorio de la legislación comunitaria vigente se publica dentro de la serie L del DO. El repertorio reúne las referencias a los textos iniciales y a las modificaciones posteriores si las hubiera. Contiene también referencias a los acuerdos y convenios firmados por la Unión Europea en el marco de sus relaciones exteriores; actos vinculantes derivados de los tratados de la UE; actos de derecho complementario, como los del Consejo de Ministros o de los jefes de Estado o de Gobierno de la UE y otros actos no vinculantes que revisten importancia para las instituciones.

- La serie C contiene información y comunicaciones sobre la UE, a saber:
  - Resúmenes de sentencias del Tribunal de Justicia y del Tribunal de Primera Instancia.
  - Actas de las reuniones parlamentarias.
  - Informes del Tribunal de Cuentas.
  - Preguntas escritas del Parlamento al Consejo y a la Comisión, junto con sus respectivas respuestas.
  - Dictámenes del Comité Económico y Social y del Comité de las Regiones.
  - Convocatorias de concurso para la contratación de personal por las instituciones de la UE (si solamente estuviera interesado en esos anuncios, existe una suscripción especial: véase lista de precios).
  - Convocatorias de manifestación de interés sobre programas y proyectos de la UE.
  - Otros documentos publicados con arreglo a la legislación comunitaria.
  - Contratos públicos de ayuda alimentaria.
- La serie C E contiene en la actualidad textos preparatorios de actos legislativos. Solo está disponible en la base de datos EUR-Lex o en la versión mensual en CD-ROM.

  EUR-Lex ofrece un acceso exhaustivo a los textos jurídicos de la Unión Europea, a saber, el Diario Oficial de la Unión Europea, los tratados, la legislación en vigor, las series de documentos de la Comisión Europea, la jurisprudencia del Tribunal de Justicia de las Comunidades Europeas y el Tribunal de Primera Instancia y la recopilación de la legislación consolidada.

- La serie S es el suplemento al DO que contiene anuncios de contratos en los siguientes sectores:

  - Contratos públicos de obras, suministro y servicios de todos los Estados miembros de la UE.

  - Contratos en los sectores del agua, la energía, el transporte y las telecomunicaciones.

  - Contratos públicos de las instituciones de la UE.

  - Contratos del Fondo Europeo de Desarrollo (países ACP).

  - Contratos Phare, Tacis y otros contratos de Europa Central y Oriental.

  - Proyectos financiados por el Banco Europeo de Inversiones, el Banco Central Europeo y el Banco Europeo de Reconstrucción y Desarrollo.

  - Contratos del Espacio Económico Europeo (Islandia, Liechtenstein y Noruega).

  - Contratos de Suiza publicados en conformidad con el acuerdo relativo a las contrataciones públicas concluido en el marco del GATT/Organización Mundial del Comercio.

  - Dictámenes relativos a las Agrupaciones Europeas de Interés Económico (AEIE).

  - Contratos públicos relativos a los servicios aéreos.

Preguntas

1.- En relación con el Tratado de Maastricht:

A.- La contribución del Tratado de Maastricht es importante, ya que supone el primer paso para dotar de una dimensión política a la construcción europea. Reúne en un mismo marco a la Unión Europea, las comunidades, la política exterior y de seguridad común (PESC) y la cooperación en los ámbitos de la justicia y los asuntos de interior (JAI). Este tratado da origen a la denominada «estructura en pilares».

B.- La contribución del Tratado de Maastricht es importante, ya que supone el primer paso para dotar de una dimensión política a la construcción europea. Reúne en un mismo marco a la Unión Europea, las comunidades autónomas, la política exterior y de seguridad estatal (PESC) y la cooperación en los ámbitos del juego y los asuntos de interior (JAI). Este tratado da origen a la denominada «estructura en pilas».

C.- La contribución del Tratado de Maastricht es importante, ya que supone el primer paso para dotar de una dimensión global a la construcción europea. Reúne en un mismo marco a la Unión Europea, las comunidades, la política exterior y política pesquera común (PESC) y la cooperación en los ámbitos de la justicia y los asuntos de régimen interior (JARI). Este tratado da origen a la denominada «estructura en pilates».

D.- La contribución del Tratado de Maastricht es importante, ya que supone el primer paso para dotar de una dimensión política a la construcción europea. Reúne en un mismo marco a la Unión Europea, las comunidades, la política exterior y de seguridad pesquera común (PESCA) y la cooperación en los ámbitos de la justicia y los asuntos de interior (JAI). Este tratado da origen a la denominada «estructura en estructuras comunicantes».

E.- La contribución del Tratado de Maastricht es importante, ya que supone el primer paso para dotar de una dimensión política a la construcción europea. Reúne en un mismo marco a la Unión Europea, las comunidades autónomas, la política interior y de seguridad común (PESC) y la cooperación en los ámbitos de la justicia y los asuntos de interior (JARI). Este tratado da origen a la denominada «estructura en pilares».

2.- De las opciones propuestas, determina la correcta:

A.- El Tratado de Niza se consagra esencialmente a las cuestiones que quedaron pendientes en Ámsterdam, es decir, cuestiones institucionales vinculadas a la ampliación que no se resolvieron en 1997. Se trata de la composición de la Comisión, de la ponderación de votos en el Consejo y de la ampliación de los casos de voto por mayoría cualificada. Asimismo, facilitó el recurso a las cooperaciones reforzadas y mejoró la eficacia del sistema jurisdiccional. A partir del Tratado de Niza, resulta evidente que la arquitectura de la Unión debe definirse de manera global y estable con el fin de permitir que esta funcione de forma coherente después de la ampliación. Este movimiento condujo a la creación de la Convención Europea y a la elaboración de la Constitución.

B.- El Tratado de Niza se consagra esencialmente a las cuestiones que quedaron pendientes en Berlín, es decir, cuestiones institucionales vinculadas a la ampliación que no se resolvieron en 1999. Se trata de la composición de la Comisión de la Energía, de la ponderación de votos en la Comisión y de la ampliación de los casos de voto por mayoría cualificada. Asimismo, facilitó el recurso a las cooperaciones reforzadas y mejoró la eficacia del sistema jurisdiccional. A partir del Tratado de Niza, resulta evidente que la arquitectura de la Unión debe definirse de manera estatal y estable con el fin de permitir que esta funcione de forma coherente después de la ampliación. Este movimiento condujo a la creación de la Convención Europea y a la elaboración de la Constitución.

C.- El Tratado de Niza se consagra esencialmente a las cuestiones que quedaron pendientes en Roma, es decir, cuestiones institucionales vinculadas a la ampliación que no se resolvieron en 1999. Se trata de la composición de la Unión, de la ponderación de votos en el Consejo y de la ampliación de los casos de voto por mayoría simple. Asimismo, facilitó el recurso a las cooperaciones reforzadas y mejoró la eficacia del sistema jurisdiccional. A partir del Tratado de Niza, resulta evidente que la arquitectura de la Unión debe definirse de manera global y estable con el fin de permitir que esta funcione de forma coherente después de la ampliación. Este movimiento condujo a la creación de la Convención Europea y a la elaboración de la Constitución.

3.- La Oficina de Armonización del Mercado Interior (OAMI) es:

A.- La oficina oficial de modelos de la Unión Europea. Tiene su sede en Dresde y emplea en torno a 700 personas. La OAMI registra modelos comunitarios (DCR), ambos componentes esenciales del mercado único europeo. Estos registros ofrecen protección a marcas, dibujos y modelos en toda la Unión Europea.

B.- La oficina oficial de marcas, dibujos y modelos del ámbito monetario comunitario. Tiene su sede en Alicante y emplea en torno a 700 personas. La OAMI registra marcas (MC), dibujos y modelos publicitarios (DCR), ambos componentes esenciales del mercado común europeo. Estos registros ofrecen protección a marcas, dibujos y modelos en toda la Unión Europea.

C.- La oficina oficial de marcas, dibujos y modelos de la Unión Europea. Tiene su sede en Alicante y emplea en torno a 700 personas. La OAMI registra marcas (MC), dibujos y modelos comunitarios (DCR), ambos componentes esenciales del mercado único europeo. Estos registros ofrecen protección a marcas, dibujos y modelos en toda la Unión Europea.

D.- La oficina oficial de marcas, dibujos y modelos de la CEE. Tiene su sede en Alicante y emplea en torno a 700 personas. La OAMI registra marcas (MC), dibujos y modelos comunitarios (DCR), ambos componentes esenciales del Acta Única Europea. Estos registros ofrecen protección a marcas, dibujos y modelos en toda la Unión Europea.

E.- La oficina oficial de marcas, dibujos y modelos publicitarios de la Unión Europea. Tiene su sede en Alicante y emplea en torno a 700 personas. La OAMI registra marcas (MC), dibujos y modelos comunitarios (DCR), ambos componentes esenciales del mercado único europeo. Estos registros ofrecen protección a las personas en toda la Unión Europea.

4.- En relación con el Parlamento Europeo:

A.- El Parlamento tiene tres funciones principales:

- Aprobar la legislación europea, juntamente con el Tribunal de Justicia en muchos ámbitos. El hecho de que el PE sea elegido directamente por los ciudadanos que residan en el entorno comunitario ayuda a garantizar la legitimidad democrática de la legislación europea.

- Ejercer el control democrático de todas las instituciones de la UE, y en especial de la CECA. Tiene potestad para aprobar o rechazar el nombramiento de los comisarios, y derecho a censurar a la CECA en su conjunto.

- Autoridad presupuestaria. El Parlamento comparte con la Comisión la autoridad presupuestaria de la UE, y puede, por tanto, influir en el ingreso de la UE. Al final del procedimiento presupuestario, el Parlamento adopta o rechaza el presupuesto en su totalidad.

B.- El Parlamento tiene tres funciones principales:

- Aprobar la legislación europea, juntamente con el Consejo en tres ámbitos. El hecho de que el PE sea elegido directamente por los ciudadanos ayuda a garantizar la imposición de la legislación europea.

- Ejercer el control democrático de todos los órganos de la UE, y en especial de la Comisión. Tiene potestad para rechazar el nombramiento de los consejeros delegados, y derecho a censurar a la Comisión en su conjunto.

- Autoridad presupuestaria. El Parlamento comparte con el Consejo la autoridad presupuestaria de alguna institución de la UE, y puede, por tanto, influir en el gasto de la UE. Al comienzo del procedimiento presupuestario, el Parlamento adopta o rechaza el presupuesto en su totalidad.

C.- El Parlamento tiene tres funciones principales:

- Aprobar la legislación europea, juntamente con el Consejo en muchos ámbitos. El hecho de que el PE sea elegido directamente por los ciudadanos ayuda a garantizar la legitimidad democrática de la legislación europea.

- Ejercer el control democrático de todas las instituciones de la UE, y en especial de la Comisión. Tiene potestad para aprobar o rechazar el nombramiento de los comisarios, y derecho a censurar a la Comisión en su conjunto.

- Autoridad presupuestaria. El Parlamento comparte con el Consejo la autoridad presupuestaria de la UE, y puede, por tanto, influir en el gasto de la UE. Al final del procedimiento presupuestario, el Parlamento adopta o rechaza el presupuesto en su totalidad.

5.- El Consejo es:

A.- Con el Tribunal de Justicia, el legislador de la Unión. En la mayoría de los casos, el Consejo solo puede legislar sobre las propuestas que le presenta la Comisión Europea. Puede pedir a la Comisión que le presente todas las propuestas adecuadas. Desde la entrada en vigor del Tratado de Niza, un millón de ciudadanos pueden también, con sus firmas, pedir a la Comisión que presente una propuesta. Es el derecho de iniciativa ciudadana.

B.- Con el Tribunal de Justicia, el legislador de la Unión. En la mayoría de los casos, el Consejo solo puede legislar sobre las propuestas que le presenta la Comisión Europea. Puede pedir a la Comisión que le presente todas las propuestas adecuadas. Desde la entrada en vigor del Tratado de Niza, un millón de ciudadanos pueden también, con sus firmas, pedir a la Comisión que presente dos propuesta. Es el derecho de iniciativa ciudadana.

C.- Con el Parlamento Europeo, el legislador de la Unión. En la mayoría de los casos, el Consejo solo puede legislar sobre las propuestas que le presenta la Comisión Europea. Puede pedir a la Comisión que le presente todas las propuestas adecuadas. Desde la entrada en vigor del Tratado de Lisboa, dos millones de ciudadanos pueden también, con sus firmas, pedir a la Comisión que presente dos propuestas. Es el derecho de iniciativa ciudadana.

D.- Con el Parlamento Europeo, el legislador de la Unión. En la mayoría de los casos, el Consejo solo puede legislar sobre las propuestas que le presenta la Comisión Europea. Puede pedir a la Comisión que le presente todas las propuestas adecuadas. Desde la entrada en vigor del Tratado de Lisboa, un millón de ciudadanos pueden también, con sus firmas, pedir a la Comisión que presente una propuesta. Es el derecho de iniciativa ciudadana.

E.- Con el Tribunal de Justicia, el legislador de la Unión. En la mayoría de los casos, el Consejo solo puede legislar sobre las propuestas que le presenta la Comisión Europea. Puede pedir a la Tesorería General que le presente todas las propuestas adecuadas. Desde la entrada en vigor del Tratado de Lisboa, un millón de ciudadanos pueden también, con sus firmas, pedir a la Comisión que presente una propuesta. Es el derecho de voto de los ciudadanos que residan en algún Estado miembro.

6.- En relación con los miembros del Tribunal de Justicia:

A.- Los jueces del Tribunal Superior de Justicia eligen de entre ellos al presidente y al vicepresidente por un período de cinco años renovable. El presidente dirige los trabajos del Tribunal de Justicia y preside las vistas y deliberaciones en las formaciones más numerosas del Tribunal. El vicepresidente asiste al presidente en el ejercicio de sus funciones y lo sustituye en caso de impedimento.

B.- Los jueces del Tribunal de Justicia eligen de entre ellos al presidente y al vicepresidente por un período de cinco años renovable. El presidente dirige los trabajos del Tribunal de Justicia y preside las vistas y deliberaciones en las formaciones más numerosas del Tribunal. El vicepresidente asiste al Consejo en el ejercicio de sus funciones y lo sustituye en caso de vacaciones.

C.- Los jueces del Tribunal de Justicia eligen de entre ellos al presidente y al vicepresidente por un período de cinco años renovable. El presidente dirige los trabajos del Tribunal de Justicia, deliberaciones en las formaciones más numerosas del Tribunal, sin presidir las vistas. El vicepresidente asiste al presidente en el ejercicio de sus funciones y lo sustituye en caso de impedimento.

D.- Los jueces del Tribunal de Justicia eligen de entre ellos al presidente y al vicepresidente por un período de tres años renovable. El presidente dirige los trabajos del Tribunal de Justicia y preside las vistas y deliberaciones en las formaciones más numerosas del Tribunal. El vicepresidente asiste al presidente en el ejercicio de sus funciones y lo sustituye en caso de impedimento.

E.- Los jueces del Tribunal de Justicia eligen de entre ellos al presidente y al vicepresidente por un período de tres años, nunca renovable. El presidente dirige los trabajos del Tribunal de Justicia de las CC. EE. y preside las vistas y deliberaciones en las formaciones más numerosas del Tribunal. El vicepresidente asiste al decano en el ejercicio de sus funciones y lo sustituye en caso de impedimento.

F.- Los jueces del Tribunal Superior de Justicia eligen de entre ellos al presidente y al vicepresidente por un período de seis años. El presidente dirige los trabajos del Tribunal Superior de Justicia y preside las visitas y deliberaciones en las formaciones más numerosas del Tribunal. El vicepresidente es independiente del presidente en el ejercicio de sus funciones y lo sustituye en períodos de descanso.

7.- El Tribunal de Cuentas Europeo:

A.- Se creó para auditar las finanzas de la CEE, de modo que el punto de partida de su trabajo de auditoría es el presupuesto y las políticas monetarias y la PAC de la UE, principalmente en ámbitos relacionados con el crecimiento y el empleo, el valor añadido, las finanzas privadas, el medio ambiente y la acción por el clima. El TCE audita los ingresos del presupuesto de la UE.

B.- Se creó para auditar las finanzas de la UE, de modo que el punto de partida de su trabajo de auditoría es el presupuesto y las políticas de la UE, principalmente en ámbitos relacionados con el crecimiento y el empleo, el valor añadido, las finanzas públicas, el medio ambiente y la acción por el clima. El TCE audita tanto los ingresos como los gastos del presupuesto de la UE.

C.- Se creó para auditar las finanzas de la CEE, de modo que el punto de partida de su trabajo de auditoría es el presupuesto y las políticas de la Comisión, principalmente en ámbitos relacionados con el crecimiento y el empleo, el valor añadido, las finanzas públicas, el medio ambiente y la acción por el clima. El TCE audita los gastos del presupuesto de la UE.

D.- Se creó para auditar los ámbitos de la JAI de la UE, de modo que el punto de partida de su trabajo de auditoría es el presupuesto y las políticas de la UE, principalmente en ámbitos relacionados con el crecimiento y el empleo, el IRPF, las finanzas públicas, el medio ambiente y la acción por el clima. El TCE nunca audita los ingresos ni los gastos del presupuesto de la UE.

E.- Se creó para auditar las finanzas del Consejo y de la Comisión, de modo que el punto de partida de su trabajo de auditoría es el presupuesto y las políticas de la UE, principalmente en ámbitos relacionados con el crecimiento y el empleo, el valor añadido, las finanzas públicas, el medio ambiente y la acción por el clima. El TCE audita tanto los ingresos como los gastos del presupuesto del Consejo y de la Comisión, exclusivamente.

8.- Los dictámenes son:

A.- Un instrumento que permite a las instituciones hacer una declaración de manera vinculante, es decir, sin imponer obligaciones legales a quienes se dirige. Pueden emitirlo exclusivamente las principales instituciones de la UE (Comisión, Consejo y Parlamento). Mientras se elabora la legislación, los comités emiten dictámenes desde su propio punto de vista, regional o económico y social.

B.- Un instrumento que permite a las instituciones hacer una declaración de manera vinculante, es decir, sin imponer obligaciones legales a quienes se dirige. Pueden emitirlo exclusivamente las principales instituciones de la UE (Comisión, Consejo y Parlamento). Mientras se elabora la legislación, los comités emiten dictámenes desde su propio punto de vista económico.

C.- Un instrumento que permite a las instituciones hacer una declaración de manera vinculante, es decir, sin imponer obligaciones legales a quienes se dirige. Pueden emitirlo exclusivamente las principales instituciones de la UE (Comisión, Consejo). Mientras se elabora la legislación, los comités emiten dictámenes desde su propio punto de vista, regional o económico y social.

D.- Un instrumento que permite a las instituciones hacer una declaración de manera vinculante, es decir, imponiendo obligaciones reglamentarias a quienes se dirige. Pueden emitirlo las principales instituciones de la UE (Comisión, Consejo y Tribunal de Cuentas Europeo), el Comité de las Regiones y el Comité Social y Económico Europeo.

9.- Con arreglo al principio de primacía:

A.- El derecho europeo tiene un valor idéntico a los derechos nacionales de los Estados miembros. El principio de primacía es válido para todos los actos europeos de aplicación voluntaria. Por tanto, los Estados miembros no pueden aplicar una norma nacional contraria al derecho europeo. El principio de primacía garantiza la igualdad del derecho europeo sobre los derechos nacionales. Se trata de un principio fundamental del derecho europeo. Al igual que el principio de efecto directo, sí está inscrito en los tratados, pero ha sido consagrado por el Tribunal de Justicia de la Unión Europea (TJUE).

B.- El derecho europeo tiene un valor superior a los derechos nacionales de los Estados miembros. El principio de primacía es válido para alguno de los actos europeos de aplicación obligatoria. Por tanto, los Estados miembros no pueden aplicar una norma nacional contraria al derecho europeo. El principio de primacía garantiza la igualdad del derecho europeo sobre los derechos nacionales. Se trata de un principio supletorio del derecho nacional. Al igual que el principio de efecto directo, sí está inscrito en los tratados, pero ha sido consagrado por el Tribunal de Justicia de la Unión Europea (TJUE).

C.- El derecho europeo tiene un valor superior a los derechos nacionales de los Estados miembros. El principio de primacía es válido para todos los actos europeos de aplicación obligatoria. Por tanto, los Estados miembros no pueden aplicar una norma nacional contraria al derecho europeo. El principio de primacía garantiza la superioridad del derecho europeo sobre los derechos nacionales. Se trata de un principio fundamental del derecho europeo. Al igual que el principio de efecto directo, no está inscrito en los tratados, pero ha sido consagrado por el Tribunal de Justicia de la Unión Europea (TJUE).

D.- El derecho europeo tiene un valor superior a los derechos nacionales de los Estados miembros. El principio de primacía es válido para todos los actos europeos de aplicación obligatoria. Por tanto, los Estados miembros no pueden aplicar una norma nacional contraria al derecho nacional. El principio de primacía garantiza la superioridad del derecho europeo sobre los derechos nacionales. Se trata de un principio fundamental del derecho europeo. Al igual que el principio de efecto directo, no está inscrito en los tratados, pero ha sido consagrado por el Tribunal Superior de Justicia.

10.- La nueva Agenda Estratégica de la UE (2019-2024) tiene los siguientes puntos fuertes:

A.-

- Proteger a los ciudadanos y las libertades.

- Realizar un control efectivo de las fronteras exteriores de la UE y seguir desarrollando una política de migración global. Combatir el terrorismo, la delincuencia transfronteriza y la delincuencia en línea, y aumentar la resiliencia de la UE frente a las catástrofes, tanto naturales como provocadas por el hombre.

- Desarrollar una base económica centrada en el desarrollo insostenible.

B.-

- Proteger a los ciudadanos y las libertades.

- Realizar un control efectivo de las fronteras exteriores de la UE y seguir desarrollando una política de migración global. Combatir el terrorismo, la delincuencia transfronteriza y la delincuencia en línea, y aumentar la resiliencia de la UE frente a las catástrofes, tanto naturales como provocadas por el hombre.

- Desarrollar una base económica sólida y dinámica.

C.-

- Proteger a la ley y el orden públicos y privados.

- Realizar un control efectivo de las fronteras interiores de la UE y seguir desarrollando una política de migración global. Combatir el terrorismo, la delincuencia transfronteriza y la delincuencia en línea, y aumentar la resiliencia de la UE frente a las catástrofes, tanto naturales como provocadas por el hombre.

- Desarrollar una base económica sólida y dinámica.

D.-

- Proteger a cualquier persona del mundo por su efecto en la Unión.

- Realizar un control efectivo de Estados miembros de la UE y seguir desarrollando una política de migración global. Combatir el terrorismo, la delincuencia transfronteriza y la delincuencia en línea, y aumentar la oposición de la UE frente a las catástrofes, tanto naturales como provocadas por el hombre.

- Desarrollar una base social sólida y dinámica.

E.-

- Desproteger a los ciudadanos y las libertades.

- Realizar un control limitado de las fronteras exteriores de la UE y seguir desarrollando una política de migración global.

- Subdesarrollar una base económica sólida y dinámica.

3. Actuaciones ante las Administraciones públicas

- Origen de los documentos: Agencia Estatal del Boletín Oficial del Estado.

https://www.boe.es

Las condiciones generales de reutilización de los documentos alojados en la sede electrónica de la Agencia Estatal Boletín Oficial del Estado se encuentran disponibles de forma permanente en la dirección: https://www.boe.es

- Origen de los datos: Dirección General de Modernización Administrativa, Procedimientos e Impulso de la Administración Electrónica, Ministerio de Hacienda y Administraciones públicas.

Contenido

3.1. El acto administrativo

En términos generales, puede hablarse de dos grandes categorías de actos jurídicos de la Administración pública:

a) Los actos de la Administración sometidos al derecho común. Cuando la Administración no actúa como tal, sujeta a su régimen especial y en ejercicio de una potestad administrativa, sino como cualquier otro sujeto de derecho, sus actos no son administrativos, sino civiles, mercantiles, laborales, etc., según el derecho al que estén sujetos. En este caso nos encontramos ante actos emanados de una Administración pública, pero no ante actos administrativos en sentido estricto. El régimen jurídico al que los actos están sometidos no solo determina su naturaleza, sino, por razón de ella, su régimen jurídico y el orden jurisdiccional competente, que lo será por razón de la concreta materia que constituya el objeto de la actuación pública. Lo anterior se entiende sin perjuicio de un irreductible sustrato jurídico-público intrínseco a cualquier actuación de una Administración pública por más que el acto de que se trate se conforme de acuerdo con parámetros privados (la competencia, el procedimiento de formación de la voluntad del órgano...).

b) Los actos de la Administración sometidos al derecho administrativo. Son los auténticos actos administrativos. Son los actos jurídicos de la función administrativa, o, en frase de la Ley de Jurisdicción Contencioso-administrativa, la «actuación de las Administraciones públicas sujeta al derecho administrativo».

3.1.1. Concepto

De entre las diversas nociones doctrinales que tratan de delimitar el concepto de actos administrativos, cabe distinguir las tres direcciones siguientes:

a) En un sentido amplio, son actos administrativos las declaraciones de voluntad de la Administración destinadas a producir efectos jurídicos. Este concepto abarca todas las manifestaciones de la voluntad administrativa, por lo que autores que no siguen esta posición prefieren llamar a estos actos «Actos de la Administración».

b) En una noción más restringida, se limita el uso de la expresión a las declaraciones de voluntad de la Administración productoras de efectos jurídicos subjetivos; con lo que se exceptúan los actos reglamentarios, ya que estos crean normas generales.

c) Y, por último, según la opinión más extendida, se consideran actos administrativos no solo las declaraciones de voluntad de la Administración, sino todas las manifestaciones anímicas de la misma, destinadas a producir efectos jurídicos subjetivos. Solo se excluyen las actividades materiales, por no tener carácter jurídico. A esta dirección corresponde la definición de Zanobini: «Es acto administrativo cualquier declaración de voluntad, de deseo, de juicio o de conocimiento, realizada por un sujeto de la Administración pública en el ejercicio de una potestad administrativa».

Por último, cabe indicar que el concepto de acto administrativo también puede delimitarse negativamente. Así, quedan excluidos del concepto de acto administrativo, además del reglamento por las razones apuntadas:

a) Las meras operaciones materiales realizadas por la Administración, ya que, si bien indirectamente pueden producir efectos jurídicos (por ejemplo, el deber de indemnizar perjuicios causados), tales efectos no derivan de ellos de forma directa.

b) Los actos no emanados de la Administración *stricto sensu*, esto es:

- Los actos materialmente ejecutivos dictados por los poderes legislativo y judicial.

- Los actos de los administrados, aunque produzcan efectos jurídicos conforme al derecho administrativo (por ejemplo, la toma de posesión de un funcionario).

c) Los actos sometidos al régimen jurídico privado, que están sometidos por su naturaleza a la jurisdicción ordinaria (art. 3.º de la Ley de la Jurisdicción Contencioso-administrativa).

3.1.2. Forma

En su acepción estricta, la expresión «forma» se entiende referida al modo de declaración de una voluntad ya formada, actuando como medio de transporte de dicha voluntad del campo psíquico al campo jurídico, a efectos de asegurar su prueba y de permitir el exacto conocimiento de su contenido. Con relación a los actos administrativos, la expresión «forma» abarca el conjunto de formalidades y trámites a través de los cuales la voluntad administrativa se configura, esto es, el procedimiento de formación de dicha voluntad. Se distingue:

- La forma de integración de la voluntad o procedimiento administrativo.

- La forma de la declaración de la voluntad administrativa o forma de exteriorización.

Veámoslas:

- Forma de integración. La sumisión del actuar administrativo a un determinado procedimiento ha pasado a ser en nuestro derecho una exigencia constitucional —art. 105 c) de la Constitución—. El procedimiento sería un modo de producción de un acto por aplicación de normas jurídicas superiores a ese acto. El acto administrativo no puede ser producido de cualquier manera, a voluntad del titular del órgano a quien compete tal producción, sino que ha de seguir para llegar al mismo un procedimiento determinado. De este modo, el procedimiento administrativo aparece como una ordenación unitaria de una pluralidad de operaciones expresadas en actos diversos realizados heterogéneamente por varios sujetos u órganos, operaciones y actos que, a pesar de su relativa autonomía, se articulan en orden a la producción de un acto decisorio final.

  El procedimiento es, pues, un cauce necesario para la producción de actos administrativos. Así, el artículo 34 de la Ley 39/2015, de 1 de octubre, del Procedimiento Administrativo Común de las Administraciones Públicas (LPAC) dice: «Los actos administrativos [...] se producirán por el órgano competente ajustándose al procedimiento establecido». Los actos administrativos producidos prescindiendo del procedimiento establecido no solo son nulos de pleno derecho (art. 47 LPAC), sino que, en tanto vías de hecho que son, carecen de la nota de ejecutoriedad predicada con carácter general de aquellos (art. 105 LPAC).

- **Forma de exteriorización.** Como regla, los actos administrativos, se producirán o consignarán «por escrito». A veces, sin embargo, cuando su naturaleza o circunstancia no exijan o permitan otra forma de expresión o constancia, podrá emplearse la forma verbal e incluso la mímica. Se citan como ejemplos de forma verbal las órdenes jerárquicas y algunas órdenes expedidas por la policía de seguridad, por ejemplo: la disolución de una reunión, bien mediante signos acústicos o visuales, bien mediante las señales gráficas en esta materia (direcciones prohibidas, prohibición de aparcamiento de vehículos, etc.). La falta de forma establecida para la exteriorización de un acto administrativo debe considerarse como vicio de dicho acto, y en cuanto a las consecuencias que este va a comportar, los autores entienden que, si se trata de falta absoluta de forma, se produce la nulidad absoluta de dicho acto (propiamente no es que el acto sea nulo, sino que, en este caso, ni siquiera existe, pues no ha llegado a exteriorizarse). Cuando se trata de simple irregularidad (existe forma, pero no todos los requisitos que se exigen), se producirá una mera «anulabilidad» o nulidad relativa del acto. A este respecto, el artículo 48 de la LPAC sienta

la regla general de que «el defecto de forma solo determinará la anulabilidad cuando el acto carezca de los requisitos formales para alcanzar un
fin o dé lugar a la indefensión de los interesados». Las irregularidades formales que no cumplan estas características ni siquiera van a comportar
la posibilidad de la anulación del acto. Se tratará entonces de las llamadas
irregularidades no invalidantes.

3.1.3. Elementos

Se definen los elementos o requisitos del acto administrativo como «aquellas
circunstancias o conjunto de circunstancias que deben darse en un acto para
que produzca todos sus efectos», es decir, para que el acto no resulte inválido, o válido pero irregular. Si bien todos los autores coinciden en subrayar la
importancia que, dentro de la teoría del acto administrativo, tiene el estudio
de sus elementos, a la hora de enumerar en concreto cuáles son, nos propor-
cionan muy diversas clasificaciones, aunque, en muchos casos, las discre-
pancias obedecen más a razones terminológicas que de fondo. En general, se
suelen mencionar como elementos del acto administrativo: el sujeto, el objeto
o contenido, la causa, el fin y la forma.

- Sujeto.

  Por definición, el acto administrativo debe ser dictado por un órgano perteneciente a una Administración pública.

  A este respecto, el artículo 1.2 de la Ley Reguladora de la Jurisdicción
  Contencioso-administrativa determina que: «Se entenderá a estos efectos por Administración pública:

  a) La Administración General del Estado.

  b) Las Administraciones de las comunidades autónomas.

  c) Las entidades que integran la Administración local.

  d) Las entidades de derecho público que sean dependientes o estén vin-
      culadas al Estado, las comunidades autónomas o las entidades loca-
      les».

  El órgano administrativo concreto que dicte el acto debe tener competencia material, jerárquica y territorial: «Los actos administrativos que dicten
  las Administraciones públicas, bien de oficio o a instancia del interesado,
  se producirán por el órgano competente, ajustándose al procedimiento
  establecido» dispone el artículo 34 de la LPAC.

- Objeto.

El contenido del acto administrativo en una acepción amplia se determina por su oposición a la forma del acto, comprendiendo todos los elementos integrantes de lo que, en términos forenses, se denomina el fondo del asunto. Se distinguen cuatro partes en el contenido del acto administrativo:

- El contenido esencial. Es aquel sin el cual el acto no tiene existencia. Por ejemplo: la licencia para edificar deberá contener una declaración facultando para realizar la obra; en el caso contrario, no puede decirse que se ha otorgado dicha licencia.

- El contenido natural. Es el que necesariamente forma parte del acto administrativo y sirve para individualizarlo respecto de los demás. Por ejemplo: el contenido natural de la expropiación forzosa es la transferencia coactiva de la propiedad del particular al ente público.

- El contenido implícito. Se refiere a aquellas cláusulas no expresas, pero que hay que entender incluidas en el acto porque el ordenamiento jurídico las supone en todos los de la misma especie.

- El contenido eventual o accidental. Es el integrado por aquellas cláusulas que el órgano administrativo puede introducir en el acto, dirigidas a modificar, generalmente restringiendo sus efectos, el contenido esencial del acto. Estas son las cláusulas accesorias del acto jurídico; en particular, la condición, el término y el modo. La condición significa el hecho futuro e incierto del cual se hace depender la eficacia de un acto administrativo. Término indica el día desde el cual debe tener eficacia el acto, o desde el cual la eficacia del acto administrativo debe cesar. El modo consiste en una carga impuesta a la persona a favor de la cual se dicta el acto administrativo (por ejemplo, se concede una licencia de construcción con la adición de que habrá de construirse un aparcamiento subterráneo).

El contenido del acto administrativo deberá ser, según el artículo 34 de la LPAC, determinado y adecuado a los fines de aquellos. Pero, además, se exigen otros requisitos:

1.º Posible: es preciso que la conducta que constituye el objeto del acto administrativo sea de posible realización. El acto de contenido imposible es nulo de pleno derecho (art. 47 LPAC).

2.º Lícito, es decir, ajustado a lo dispuesto en el ordenamiento jurídico, ya que, según el artículo 47 de la LPAC, son nulos los actos que sean constitutivos de infracción penal o se dicten como consecuencia de esta. Mientras que son anulables los actos que incurran en cualquier infracción del ordenamiento jurídico (art. 48 LPAC).

- Causa y fin.

La causa constituye el porqué del acto, la razón que justifica que un acto administrativo se dicte. La Administración ha de someterse, en todo caso, a una especie de regla de conducta: la necesidad de perseguir el interés público en cada una de sus actuaciones. De ahí el gran acierto de la Constitución al determinar que los tribunales «controlarán el sometimiento de la actuación administrativa» (art. 106.1 de la Constitución). Por esa vía el fin se erige en un nuevo elemento, nada menos que de rango constitucional, del acto administrativo: este deberá encaminarse al logro de aquella finalidad que determinó el otorgamiento de la potestad ejercitada.

Si no ocurre así, al separarse el acto de su elemento teleológico, estará viciado de «desviación de poder», vicio legal que consiste en el ejercicio de potestades administrativas para fines distintos de los fijados en el ordenamiento jurídico (art. 70.2 LJCA); por ejemplo, una finalidad recaudatoria utilizando un poder de policía, supuesto muy normal en la jurisprudencia a propósito de las tasas municipales de inspección de aparatos e instalaciones industriales, inspección solo justificable por efectivas razones de seguridad y no con un fin fiscal. En este sentido, el artículo 48 de la LPAC declara que son anulables los actos de la Administración que incurran en desviación de poder. El acto administrativo, pues, en cuanto ejercicio de una potestad, debe servir, necesariamente, a un fin, e incurrirá en vicio legal si se aparta de él o pretende servir a una finalidad distinta, aun cuando se trate de otra finalidad pública.

3.1.4. Clases

La doctrina suele clasificar los actos administrativos, atendiendo a los siguientes criterios:

a) Por la extensión de sus efectos jurídicos: actos generales y concretos.

b) Por la posibilidad de su fiscalización por la jurisdicción contencioso-administrativa: impugnables o inimpugnables.

c) Por razón de las facultades utilizadas al dictarlos: actos discrecionales y reglados.

d) Por razón de los sujetos intervinientes: simples y complejos, unilaterales y plurilaterales.

e) Por la forma de su producción: expresos, tácitos y presuntos.

f) Por razón de los efectos jurídicos de su contenido: actos definitivos y de trámite.

Examinemos detalladamente cada una de las categorías de actos citados:

- Actos generales y concretos. Se entiende por acto administrativo general, aquella declaración de la Administración pública que mira abstractamente a una pluralidad de personas (por ejemplo, una relación de funcionarios o de expropiados, o casos indeterminados o indeterminables), y por acto concreto la misma declaración cuando mira a una o más personas o casos individualmente determinados o determinables.

- Actos impugnables e inimpugnables. Esta clasificación carece de validez apriorística y universal, siendo necesario conocer el derecho positivo vigente en cada país en un momento determinado para poder aplicarla correctamente. El artículo 3 de la LJCA establece que «No corresponden al orden jurisdiccional contencioso-administrativo:

  a) Las cuestiones expresamente atribuidas a los órdenes jurisdiccionales civil, penal y social, aunque estén relacionadas con la actividad de la Administración pública.

  b) El recurso contencioso-disciplinario militar.

  c) Los conflictos de jurisdicción entre los juzgados y tribunales y la Administración pública y los conflictos de atribuciones entre órganos de una misma Administración».

- Actos discrecionales y reglados. La actividad administrativa puede dividirse en dos grandes grupos: aquella que, en el Estado de Derecho, constituye la norma general por estar expresamente regulada y determinada por el principio de legalidad o sumisión a la ley y que se denomina reglada, y aquella otra en que, por defecto de normas jurídicas, no hay lugar a la aplicación de tal principio y se llama, por tanto, actividad discrecional.

- Actos simples y complejos. Se entiende por acto administrativo simple, según Garrido Falla, aquel en cuya emisión interviene un solo órgano administrativo: se considera acto complejo, en cambio, aquel que se produce por la intervención de dos o más órganos administrativos. Lo normal es que los actos administrativos sean compuestos, es decir, fruto de la participación de varios órganos, e incluso, en ocasiones, de varios sujetos, cada uno de los cuales dicta un acto —que se dicta con los demás en el acto compuesto— en razón a la unidad del fin que tales actos persiguen.

La consecuencia de ello es obvia y decisiva: la invalidez de uno solo de los actos que deben mediar para llegar al acto compuesto implicará la invalidez de ese acto en su conjunto.

- Actos unilaterales y plurilaterales. Esta clasificación responde al criterio de los sujetos participantes en la emisión del acto. Eisenmann define los actos administrativos unilaterales como actos jurídicos que, siendo obra exclusiva de agentes administrativos, son imputables a una única persona pública, y los plurilaterales como aquellos que crean normas que rigen las relaciones mutuas entre sus actores; o sea, que estatuyen los derechos y obligaciones de los unos respecto de los otros. En otros términos, son actos que crean normas que tienen por objeto a sus propios autores. No cabe duda de que los actos administrativos por antonomasia son los unilaterales, hasta el punto de que está en discusión la completa admisibilidad de los actos plurilaterales (contratos y convenciones en que intervengan simultáneamente la Administración y los particulares) en el campo del derecho administrativo. Zanobini los califica como actos de derecho administrativo, pero no son actos administrativos, y entiende que resultan del concurso de un acto de voluntad de una Administración con otro acto de un sujeto diferente que persigue un fin distinto. Su estudio, en cualquier caso, corresponde por su misma naturaleza al campo de la contratación administrativa.

- Actos expresos, tácitos y presuntos. Por la forma de su producción, el acto administrativo puede ser expreso, tácito y presunto. En el primero existe una clara e inequívoca exteriorización de la declaración de voluntad, de juicio, de deseo, etc. En el segundo falta esta manifestación, pero ante la conducta administrativa se presume racionalmente la existencia de una voluntad que produce efectos jurídicos. Finalmente, en el acto presunto no existe ni una manifestación concreta administrativa ni una conducta a la que se pueda atribuir un determinado valor o sentido en virtud de una interpretación racional.

- Actos definitivos o resolutorios y de trámite. La distinción toma su base en la circunstancia de que los actos se dictan en el seno de un procedimiento administrativo. En este procedimiento hay una resolución final que es la que decide el fondo del asunto (art. 88 LPAC), y para llegar a ella ha de seguirse un camino especial, con fases distintas, con intervención de órganos o personas diversas y con actos también diferentes. Estos actos previos a la resolución son los que la ley llama actos de trámite, que son actos instrumentales de las resoluciones, pues las preparan y hacen posibles.

3.1.5. Actos administrativos nulos y actos administrativos anulables

Examinado el régimen jurídico de los actos nulos de pleno derecho, sistemáticamente nos corresponde a continuación exponer el régimen de la anulabilidad, la cual, tal y como se avanzó al comienzo del presente comentario, únicamente es predicable de los actos administrativos, mas no de las disposiciones reglamentarias de la Administración (v. arts. 48 y 107 LPAC), y entraña una infracción del ordenamiento cualitativamente menos grave que las que implican los diferentes motivos de nulidad radical.

1. Causas genéricas de anulabilidad de los actos administrativos:

A) Infracción del ordenamiento jurídico. A tenor de lo expresado por el primer inciso del art. 48 LPAC, son anulables los actos de la Administración que incurran en cualquier infracción del ordenamiento jurídico, incluso la desviación de poder. Sobre dicho genérico enunciado legal cabe realizar las siguientes consideraciones:

1.ª) De entrada, hay que señalar que, pese al categórico enunciado legal de la norma, no todas las infracciones del ordenamiento jurídico se erigen en causa de anulabilidad de los actos administrativos. Baste con pensar que las causas de nulidad de pleno derecho antes examinadas comportan igualmente infracciones del ordenamiento, y, sin embargo, no originan motivo alguno de anulabilidad, sino de nulidad radical. Cabría corregir, por tanto, el enunciado normativo en el siguiente sentido: son anulables los actos de la Administración que incurran en cualquier infracción del ordenamiento jurídico, excepto aquellas infracciones que originan su nulidad de pleno derecho.

2.ª) Sin embargo, ni siquiera con dicha corrección la regla enunciada resultaría al cien por cien acertada, toda vez que, en virtud de lo establecido en el segundo y el tercer apartado del propio art. 48 LPAC, determinadas infracciones del ordenamiento originadas por actos administrativos no ocasionan la anulabilidad de los mismos más que en determinadas condiciones. Así, los defectos de forma solo determinarán la anulabilidad cuando el acto carezca de los requisitos formales indispensables para alcanzar su fin o dé lugar a la indefensión de los interesados; mientras que las infracciones a las normas que establecen términos y plazos solo implicarán la anulabilidad del acto cuando así lo imponga la naturaleza del término o plazo.

Se trata, pues, de supuestos específicos y restringidos de anulabilidad, que de algún modo excepcionan la arriba enunciada regla general, y que, por esta razón, serán examinados separadamente.

3ª) Por último, la infracción del ordenamiento no solo puede ocasionarla los actos administrativos cuando se oponga, vulnere o infrinja, directa o indirectamente, lo dispuesto en una norma jurídica de cualquier rango. También podrán perpetrar aquella infracción cuando no se opongan ni vulneren norma alguna, pero, en cambio, incurran en desviación de poder, defecto por el cual, como de todos es sabido, el art. 70.2 LJCA establece que ha de entenderse el ejercicio de potestades administrativas para fines distintos de los fijados por el ordenamiento jurídico.

B) Desviación de poder.

a) Caracterización general. Tenemos, pues, que la anulabilidad de los actos administrativos puede darse también, y en eso consiste precisamente la desviación de poder, cuando los mismos no incurren, ni formal ni materialmente, en ninguna infracción del ordenamiento, pero, sin embargo, persiguen el cumplimiento o la consecución de finalidades diferentes a las que sirven de fundamento a la norma jurídica de la que hacen aplicación al caso concreto. De modo que, si con una concreta norma jurídica el legislador o el poder ejecutivo han buscado obtener una determinada finalidad (finalidad cuya consecución, obviamente, es la que habrá servido de fundamento a la promulgación de la norma), la aplicación de dicha norma por parte de la Administración ha de perseguir necesariamente idéntica finalidad, porque, de lo contrario, dicho acto, extrínsecamente acomodado a la legalidad formal y material, incurrirá en una vulneración teleológica del ordenamiento que en este ámbito del derecho administrativo se ha venido denominando tradicionalmente desviación de poder.

b) Presupuestos. Dos suelen ser los presupuestos que doctrina y jurisprudencia aducen para que cristalice una manifestación de desviación de poder, a saber:

1.º) Que la norma aplicada administrativamente posea una concreta finalidad, pues, si carece de la misma o, pese a tenerla, su apreciación resulta demasiado compleja, resultará prácticamente inviable determinar la existencia o no del vicio de anulabilidad que nos ocupa.

2.º) Que el acto al que se imputa haber incurrido en desviación de poder resulte extrínsecamente acomodado al ordenamiento, o, expresado en otros términos, que dicho acto no incurra en alguna infracción del ordenamiento de carácter formal o material; pues, de ser así, es evidente que la verdadera causa capaz de propiciar la anulabilidad será dicha infracción formal o material, y no la infracción teleológica, que, obviamente, únicamente podrá cuestionarse sobre su existencia una vez advertida la inexistencia de las anteriores. Por eso mismo afirma el art. 48 LPAC que los actos de la Administración serán anulables cuando infrinjan el ordenamiento jurídico, para añadir, una vez sentado lo anterior, que también lo serán cuando incurran en desviación de poder. Por esto, igualmente, no tiene ningún sentido preguntarse si la aplicación administrativa de una norma persigue o no el fin buscado por esta cuando dicha aplicación no es extrínsecamente conforme a derecho (porque ha sido dictada por órgano incompetente, o fuera del plazo normativamente impuesto, etcétera).

c) Acreditación y carga de la prueba. Finalmente, cabe señalar que, como no podía ser de otro modo, la acreditación acerca de la existencia de esa discordancia entre finalidad normativa y finalidad perseguida administrativamente de manera desviada corresponde al sujeto agraviado por el acto incurso en este peculiar vicio de anulabilidad.

2. Causas específicas de anulabilidad de los actos administrativos. En relación con el régimen jurídico de la anulabilidad, y como excepciones parciales a la regla según la cual son anulables los actos de la Administración que incurran en cualquier infracción del ordenamiento jurídico, el apartado segundo del art. 48 LPAC dispone que, tratándose la infracción de un defecto de forma, la misma tan solo ocasionará la anulabilidad del acto cuando este carezca de los requisitos indispensables para alcanzar su fin o dé lugar a la indefensión de los interesados; mientras que el apartado tercero de la misma norma establece, asimismo, que si la infracción consistiese en la extemporaneidad de la actuación administrativa, esta será anulable únicamente cuando así lo imponga la naturaleza del término o del plazo.

A) Defectos de forma. Así pues, los actos administrativos que adolezcan de defectos puramente formales (enunciado este que nos remite a lo dispuesto en los ya comentados arts. 35 y 36 LPAC), únicamente podrán ser anulados.

B) Actuaciones administrativas realizadas fuera de plazo. Por otro lado, tampoco serán anulables aquellas actuaciones administrativas que se realicen fuera del tiempo normativamente establecido para ellas, a no ser que dicha anulabilidad venga impuesta por la naturaleza del término o plazo.

3.1.6. Privilegios administrativos: presunción de validez, no suspensión, ejecución forzosa

El artículo 39 de la LPAC, de 1 de octubre de 2015, resuelve el problema del momento en que son eficaces los actos administrativos, con una regla general y dos excepciones. La regla general establecida en su Párrafo 1 es que «los actos de las Administraciones públicas sujetos al derecho administrativo se presumirán válidos y producirán efectos desde la fecha en que se dicten, salvo que en ellos se disponga otra cosa». Esta regla general es aplicable a los actos administrativos propiamente dichos, mientras que, tratándose de disposiciones administrativas (reglamentos), su eficacia tiene lugar, como norma general, en los veinte días de su publicación. Pero esta regla general de eficacia inmediata de los actos administrativos tiene sus excepciones y, como consecuencia de ellas, la eficacia puede quedar demorada a un momento posterior, o, por el contrario, puede ser anticipada. Analizaremos los dos supuestos más adelante de manera expresa.

Ahora nos interesa profundizar en la regla general del artículo 39, precepto que establece una presunción de validez, con carácter de presunción *iuris tantum*, que traslada al particular la carga de probar lo contrario a través de la correspondiente impugnación. Se trata, por tanto, de una presunción*iuris tantum*, operante solamente en tanto no se demuestre y se declare en firme la invalidez del acto. Pero es que, además, para que la presunción legal de validez opere, es necesario que el acto reúna unas condiciones externas mínimas de legitimidad. Quiere esto decir que la presunción de validez que la ley establece no es algo gratuito y carente de fundamento, sino algo que se apoya en una base real que la presta, en principio, una cierta justificación. El acto administrativo se presume legítimo en la medida en que emana de una autoridad que lo es igualmente. Por tanto, cuando el propio aspecto externo del acto desmienta su procedencia de una autoridad legítima, desaparece el soporte mismo de la presunción legal. Así ocurre cuando tal autoridad es manifiestamente incompetente, cuando demuestra serlo al ordenar conductas imposibles o delictivas o al adoptar sus decisiones con total y absoluto olvido de los procedimientos legales. En tales supuestos se dice que el acto es absoluta y radicalmente nulo (nulidad de pleno derecho) y por ello «insusceptible» de producir efecto alguno. Este planteamiento ha sido ratificado por la vigente LPAC, cuyo artículo 117 autoriza a suspender los actos nulos de pleno derecho, excepcionando, de ese modo, la regla general de la eficacia inmediata. En la base de esta determinación legal está, pues, la idea de que la presunción de validez solo opera a partir de unas condiciones externas mínimas, que, por hipótesis, no reúnen los actos nulos de pleno derecho, a los que, en consecuencia, no se puede reconocer eficacia jurídica alguna.

Hasta aquí, sin embargo, el planteamiento se mueve en el terreno de los principios. En el terreno de la realidad hay que tener en cuenta que la eficacia de un acto es un problema de hecho y que la Administración puede imponer materialmente sus actos, siempre que el acto mismo sea susceptible por sí de producir alguna clase de efectos. Dicho de otro modo, salvo en el supuesto de actos inexistentes (puede tenerse por tal, por ejemplo, la multa de tráfico impuesta por un simple particular), todos los demás actos administrativos, incluso los afectados de un vicio de nulidad de pleno derecho, pueden ser materialmente eficaces, y esta eficacia material solo podrá ser destruida por el particular que la soporta utilizando las vías de recurso procedentes. Esta distinción de planos, material y jurídico, que complica el esquema inicial, es consecuencia de un privilegio de la Administración, que estudiaremos después: el privilegio de la ejecución forzosa o acción de oficio, que coloca en manos de la Administración una serie de instrumentos jurídicos capaces de vencer en cualquier caso la eventual resistencia de los particulares mediante el uso de la coacción.

La eficacia del acto puede cesar temporal o definitivamente. La cesación definitiva puede tener lugar por varias razones: en unos casos, el acto se extinguirá naturalmente por su total cumplimiento; en otros, por desaparecer los presupuestos fácticos que le servían de soporte, por vencimiento del plazo si estaba limitado en el tiempo o por cumplirse la condición resolutoria si estaba sujeto a ella. La eficacia cesa, también definitivamente, como es natural, cuando se produce la anulación o la revocación del acto, y puede cesar también con carácter temporal, provisional o transitorio. En estos casos se habla de suspensión del acto, cuyas diversas modalidades vamos a analizar con detalle a continuación. En principio, la suspensión es, por tanto, una medida de carácter provisional y cautelar, llamada a asegurar la integridad del objeto litigioso (suspensión en vía de recurso) o a garantizar la imposición del criterio del ente u órgano superior que ostenta la tutela o el control sobre el autor del acto (suspensión como medida de tutela o control), en tanto se produce una decisión definitiva sobre su validez. Cuando esta decisión se produce, la situación de provisionalidad creada por el acuerdo de suspensión cesa, de forma que, si el acto resulta válido o se renuncia a revocarlo, reaparece la eficacia temporalmente suspendida y si, por el contrario, resulta inválido o es revocado, la eficacia cesa definitivamente.

La suspensión del acto en vía de recurso administrativo o jurisdiccional. A este esquema general responde fielmente el supuesto previsto en el artículo 117 de la LPAC. Como ya sabemos, los recursos administrativos y contencioso-administrativos no suspenden de suyo la ejecución de los actos impugnados. Se trata de evitar con ello que la actividad de la Administración, orientada por principio a la satisfacción del interés general, pueda resultar paralizada, en perjuicio de este interés público, por la simple oposición de un particular. La aplicación rígida de esta regla general podría hacer ilusorio, sin embargo, el propio derecho de recurso que reconocen las leyes a todo ciudadano, ya que, en muchos casos, la estimación *a posteriori* del recurso interpuesto no permitiría reconstruir la situación alterada por el acto recurrido. Por esta razón, para conseguir un cierto equilibrio entre los dos principios encontrados (la garantía del interés público y el derecho a una efectiva defensa del particular), la ley ha previsto una excepción a la regla general facultando a la Administración y a los tribunales de la jurisdicción contencioso-administrativa, según los casos, para suspender la ejecución de los actos recurridos «en el caso de que dicha ejecución pudiera causar perjuicios de imposible o difícil reparación» (art. 117 de la LPAC).

La posibilidad de la reparación no debe, pues, medirse en términos económicos. Basta simplemente con que la reparación *in natura* sea imposible o, al menos, difícil para que proceda la suspensión del acto recurrido según la ley, suspensión de la que en muchos casos depende la propia efectividad de la garantía implícita en el derecho de recurso, que puede resultar burlada si el acto recurrido se ejecuta de forma inmediata (así, por ejemplo, cuando se trata de actos que imponen sanciones temporales, que pueden terminar de cumplirse antes de que se resuelva el recurso, o de resoluciones que ordenan la demolición de obras o edificios o que imponen sanciones materialmente confiscatorias por su cuantía, etc.). El artículo 117 de la Ley 39/2015 establece que «la interposición de cualquier recurso, excepto en los casos en que una disposición establezca lo contrario, no suspenderá la ejecución del acto impugnado».

No obstante lo dispuesto en el apartado anterior, el órgano a quien competa resolver el recurso, previa ponderación, suficientemente razonada, entre el perjuicio que causaría al interés público o a terceros la suspensión y el perjuicio que se causa al recurrente como consecuencia de la eficacia inmediata del acto recurrido, podrá suspender, de oficio o a solicitud del recurrente, la ejecución del acto impugnado cuando concurran alguna de las siguientes circunstancias:

a) Que la ejecución pudiera causar perjuicios de imposible o difícil reparación.

b) Que la impugnación se fundamente en alguna de las causas de nulidad de pleno derecho previstas en el artículo 47 de esta ley.

La ejecución del acto impugnado se entenderá suspendida si, transcurridos treinta días desde que la solicitud de suspensión haya tenido entrada en el registro del órgano competente para decidir sobre la misma, este no ha dictado resolución expresa al respecto. En estos casos no será de aplicación lo establecido en el artículo 21 de esta ley.

Al dictar el acuerdo de suspensión podrán adoptarse las medidas cautelares que sean necesarias para asegurar la protección del interés público o de terceros y la eficacia de la resolución o el acto impugnado.

Cuando de la suspensión puedan derivarse perjuicios de cualquier naturaleza, aquella solo producirá efectos previa prestación de caución o garantía suficiente para responder de ellos, en los términos establecidos reglamentariamente.

La suspensión podrá prolongarse después de agotada la vía administrativa cuando exista medida cautelar y los efectos de esta se extiendan a la vía contencioso-administrativa. Si el interesado interpusiera recurso contencioso-administrativo, solicitando la suspensión del acto objeto del proceso, se mantendrá la suspensión hasta que se produzca el correspondiente pronunciamiento judicial sobre la solicitud.

Cuando el recurso tenga por objeto la impugnación de un acto administrativo que afecte a una pluralidad indeterminada de personas, la suspensión de su eficacia habrá de ser publicada en el periódico oficial en que aquel se insertó.

La «ejecutividad», «ejecutoriedad», «privilegio de decisión ejecutoria» o «acción de oficio» y «autotutela ejecutiva» son términos con los que, indistintamente, se designa la cualidad del acto administrativo de producir todos sus efectos contra la voluntad de los obligados violentando su propiedad y libertad si preciso fuere. Esta cualidad es la que realmente separa y distingue los actos administrativos de los actos privados que necesitan del apoyo judicial para tomar sobre otro sujeto medidas ejecutorias. En otras palabras, la Administración puede «tomarse la justicia por su mano» (cobrar un impuesto o una multa, por ejemplo) mientras que los particulares deben acudir al juez para imponer sus derechos sobre terceros. Conforme al artículo 100 de la LPAC, «la ejecución forzosa por las Administraciones públicas se efectuará, respetando siempre el principio de proporcionalidad, por los siguientes medios:

a) Apremio sobre el patrimonio.

b) Ejecución subsidiaria.

c) Multa coercitiva.

d) Compulsión sobre las personas».

Debemos hacer las consideraciones siguientes:

- Que la utilización de uno de los medios no excluye totalmente el de los otros, ya que pueden combinarse los medios y no se excluyen totalmente, pues cabe una sanción por desobediencia independientemente de la ejecución subsidiaria o de la coerción física sobre las personas o sobre los bienes.

- Que cuando existe autorización legal para el empleo de distintos medios deben ser suficientes y proporcionados, pues, para el procedimiento coactivo tiene validez el principio de la llamada proporcionalidad; es decir, que la autoridad administrativa no puede emplear medio de coacción más severo del que sea necesario para conseguir el fin propuesto. («Si fueran varios los medios de ejecución admisibles, se elegirá el menos restrictivo de la libertad individual». Artículo 100 LPAC). Veámoslos a continuación:

  – Apremio sobre el patrimonio. El primero de los procedimientos ejecutivos que regula la LPAC es el que denomina apremio sobre el patrimonio, disponiendo el artículo 101 que «si en virtud de acto administrativo hubiere de satisfacerse cantidad líquida, se seguirá el procedimiento previsto en las normas reguladoras del procedimiento recaudatorio en vía ejecutiva». Añadiéndose que «en cualquier caso, no podrá imponerse a los administrados una obligación pecuniaria que no estuviese establecida con arreglo a una norma con rango legal». Se trata, pues, de un procedimiento para el cobro de los créditos consistentes en cantidad líquida, empleándose fundamentalmente para el cobro de las deudas que tienen un carácter contributivo o fiscal, aunque, como dice Garrido, la posibilidad hay que extenderla a cuantas liquidaciones tengan su origen en un acto administrativo (p. ej.: multas y procedimientos sobre los bienes de los responsables directos o subsidiarios frente a la Administración por razón del manejo de caudales públicos). Esto nos lleva a otro problema, que es el de la posibilidad de acudir a este procedimiento para el cobro de deudas de tipo civil, cuestión que la doctrina resuelve negativamente, limitando el privilegio de la ejecución forzosa exclusivamente a los actos administrativos (y, aun dentro de estos, excluyendo los supuestos en que por ley se exija la intervención de los tribunales).

- Ejecución subsidiaria. Al segundo de los medios de ejecución forzosa se refiere el artículo 102 de la LPAC, al decir que «habrá lugar a la ejecución subsidiaria cuando se trate de actos que por no ser personalísimos puedan ser realizados por sujeto distinto del obligado», que ocurre, por ejemplo, cuando se imponga a un administrado la obligación de demoler una construcción realizada sin la oportuna licencia, de revocar la fachada de su casa, etc. En estos casos, agrega el apartado 2 del citado artículo 102, «la Administración realizará el acto por sí o a través de las personas que determine, a costa del obligado». Y añade en los dos apartados siguientes que el importe de los gastos, daños y perjuicios se exigirá del modo dispuesto en el artículo anterior (apremio sobre el patrimonio). Esta exacción podrá ser cautelar y realizarse antes de la ejecución, a reserva de la liquidación definitiva.

- Multa coercitiva. El medio de ejecución que ahora examinamos no persigue fines represivos, sino forzar al cumplimiento de la obligación y, por tanto, el representar un plus en relación con el contenido del acto que se ejecuta. Dice el artículo 103 de la LPAC que solo podrá imponerse «cuando así lo autoricen las leyes y en la forma y cuantía que estas determinen». Se diferencia de la multa gubernativa:

  a) En que presupone la existencia del acto que se va a ejecutar, mientras que la multa gubernativa se impone directamente.

  b) En que su imposición es discrecional.

  c) En que, conforme a lo dicho, su finalidad no es el castigo del infractor, sino la presión sobre este para que cumpla la obligación que deriva del acto.

  d) Por último, y según la finalidad expuesta, su imposición puede ser reiterada por lapsos de tiempo que sean suficientes para cumplir lo ordenado (art. 103 de la LPAC).

- Compulsión sobre las personas. Como medida extrema, la Administración puede llegar al empleo de la coacción directa para imponer sus decisiones, pero como tal medida extrema únicamente procede concurriendo los dos requisitos que resultan del artículo 104 de la LPAC:

  a) Que se trate de la ejecución de «actos administrativos que impongan a los administrados una obligación personalísima».

b) Que se utilice solo «en los casos en que una ley expresamente lo autorice y dentro siempre del respeto debido a su dignidad y a los derechos reconocidos en la Constitución». Tratándose de la ejecución de actos que impongan a los administrados una obligación personalísima, no ha de ser posible la ejecución subsidiaria.

3.1.7. Comunicación de los actos administrativos

La comunicación (notificación o publicación) es el medio de llevar al conocimiento de los administrados el contenido de los actos administrativos. Ley 39/2015, de 1 de octubre, del Procedimiento Administrativo Común de las Administraciones Públicas ha introducido novedades importantes en materia de notificaciones electrónicas, que serán preferentes y se realizarán en la sede electrónica o en la dirección electrónica habilitada única, según corresponda. Asimismo, se incrementa la seguridad jurídica de los interesados estableciendo nuevas medidas que garanticen el conocimiento de la puesta a disposición de las notificaciones, como el envío de avisos de notificación, siempre que esto sea posible, a los dispositivos electrónicos o a la dirección de correo electrónico que el interesado haya comunicado, así como el acceso a sus notificaciones a través del Punto de Acceso General Electrónico de la Administración, que funcionará como un portal de entrada.

La notificación

Artículo 40. La notificación

1. El órgano que dicte las resoluciones y actos administrativos los notificará a los interesados cuyos derechos e intereses sean afectados por aquellos, en los términos previstos en los artículos siguientes.

2. Toda notificación deberá ser cursada dentro del plazo de diez días a partir de la fecha en que el acto haya sido dictado, y deberá contener el texto íntegro de la resolución, con indicación de si pone fin o no a la vía administrativa, la expresión de los recursos que procedan, en su caso, en vía administrativa y judicial, el órgano ante el que hubieran de presentarse y el plazo para interponerlos, sin perjuicio de que los interesados puedan ejercitar, en su caso, cualquier otro que estimen procedente.

3. Las notificaciones que, conteniendo el texto íntegro del acto, omitiesen alguno de los demás requisitos previstos en el apartado anterior surtirán

efecto a partir de la fecha en que el interesado realice actuaciones que supongan el conocimiento del contenido y alcance de la resolución o acto objeto de la notificación, o interponga cualquier recurso que proceda.

4. Sin perjuicio de lo establecido en el apartado anterior, y a los solos efectos de entender cumplida la obligación de notificar dentro del plazo máximo de duración de los procedimientos, será suficiente la notificación que contenga, cuando menos, el texto íntegro de la resolución, así como el intento de notificación debidamente acreditado.

5. Las Administraciones públicas podrán adoptar las medidas que consideren necesarias para la protección de los datos personales que consten en las resoluciones y actos administrativos, cuando estos tengan por destinatarios a más de un interesado.

Artículo 41. Condiciones generales para la práctica de las notificaciones

1. Las notificaciones se practicarán preferentemente por medios electrónicos y, en todo caso, cuando el interesado resulte obligado a recibirlas por esta vía.

    No obstante lo anterior, las Administraciones podrán practicar las notificaciones por medios no electrónicos en los siguientes supuestos:

    a) Cuando la notificación se realice con ocasión de la comparecencia espontánea del interesado o su representante en las oficinas de asistencia en materia de registro y solicite la comunicación o notificación personal en ese momento.

    b) Cuando, para asegurar la eficacia de la actuación administrativa, resulte necesario practicar la notificación por entrega directa de un empleado público de la Administración notificante.

    Con independencia del medio utilizado, las notificaciones serán válidas siempre que permitan tener constancia de su envío o puesta a disposición, de la recepción o acceso por el interesado o su representante, de sus fechas y horas, del contenido íntegro, y de la identidad fidedigna del remitente y destinatario de la misma. La acreditación de la notificación efectuada se incorporará al expediente.

    Los interesados que no estén obligados a recibir notificaciones electrónicas podrán decidir y comunicar en cualquier momento a la Administración pública, mediante los modelos normalizados que se establezcan al efecto, que las notificaciones sucesivas se practiquen o dejen de practicarse por medios electrónicos.

Reglamentariamente, las Administraciones podrán establecer la obligación de practicar electrónicamente las notificaciones para determinados procedimientos y para ciertos colectivos de personas físicas que, por razón de su capacidad económica, técnica, dedicación profesional u otros motivos, quede acreditado que tienen acceso y disponibilidad de los medios electrónicos necesarios.

Adicionalmente, el interesado podrá identificar un dispositivo electrónico o una dirección de correo electrónico que servirán para el envío de los avisos regulados en este artículo, pero no para la práctica de notificaciones.

2. En ningún caso se efectuarán por medios electrónicos las siguientes notificaciones:

    a) Aquellas en las que el acto que se va a notificar vaya acompañado de elementos que no sean susceptibles de conversión en formato electrónico.

    b) Las que contengan medios de pago a favor de los obligados, tales como cheques.

3. En los procedimientos iniciados a solicitud del interesado, la notificación se practicará por el medio señalado al efecto por aquel. Esta notificación será electrónica en los casos en los que exista obligación de relacionarse de esta forma con la Administración. Cuando no fuera posible realizar la notificación de acuerdo con lo señalado en la solicitud, se practicará en cualquier lugar adecuado a tal fin, y por cualquier medio que permita tener constancia de la recepción por el interesado o su representante, así como de la fecha, la identidad y el contenido del acto notificado.

4. En los procedimientos iniciados de oficio, a los solos efectos de su iniciación, las Administraciones públicas podrán recabar, mediante consulta a las bases de datos del Instituto Nacional de Estadística, los datos sobre el domicilio del interesado recogidos en el padrón municipal, remitidos por las entidades locales en aplicación de lo previsto en la Ley 7/1985, de 2 de abril, reguladora de las Bases del Régimen Local.

5. Cuando el interesado o su representante rechace la notificación de una actuación administrativa, se hará constar en el expediente, especificándose las circunstancias del intento de notificación y el medio, dando por efectuado el trámite y siguiéndose el procedimiento.

6. Con independencia de que la notificación se realice en papel o por medios electrónicos, las Administraciones públicas enviarán un aviso al

dispositivo electrónico o a la dirección de correo electrónico del interesado que este haya comunicado, informándole de la puesta a disposición de una notificación en la sede electrónica de la Administración u organismo correspondiente o en la dirección electrónica habilitada única. La falta de práctica de este aviso no impedirá que la notificación sea considerada plenamente válida.

7. Cuando el interesado fuera notificado por distintos cauces, se tomará como fecha de notificación la de aquella que se hubiera producido en primer lugar.

Artículo 42. Práctica de las notificaciones en papel

1. Todas las notificaciones que se practiquen en papel deberán ser puestas a disposición del interesado en la sede electrónica de la Administración u organismo actuante para que pueda acceder al contenido de las mismas de forma voluntaria.

2. Cuando la notificación se practique en el domicilio del interesado, de no hallarse presente este en el momento de entrega de la notificación, podrá hacerse cargo de la misma cualquier persona mayor de catorce años que se encuentre en el domicilio y haga constar su identidad. Si nadie se hiciera cargo de la notificación, se hará constar esta circunstancia en el expediente, junto con el día y la hora en que se intentó la notificación, intento que se repetirá por una sola vez y en una hora distinta dentro de los tres días siguientes. En caso de que el primer intento de notificación se haya realizado antes de las quince horas, el segundo intento deberá realizarse después de las quince horas, y viceversa, dejando en todo caso al menos un margen de diferencia de tres horas entre ambos intentos de notificación. Si el segundo intento también resultara infructuoso, se procederá en la forma prevista en el artículo 44.

3. Cuando el interesado accediera al contenido de la notificación en sede electrónica, se le ofrecerá la posibilidad de que el resto de notificaciones se puedan realizar a través de medios electrónicos.

Artículo 43. Práctica de las notificaciones a través de medios electrónicos

1. Las notificaciones por medios electrónicos se practicarán mediante comparecencia en la sede electrónica de la Administración u organismo actuante, a través de la dirección electrónica habilitada única o mediante ambos sistemas, según disponga cada Administración u organismo.

A los efectos previstos en este artículo, se entiende por comparecencia en la sede electrónica, el acceso por el interesado o su representante debidamente identificado al contenido de la notificación.

2. Las notificaciones por medios electrónicos se entenderán practicadas en el momento en que se produzca el acceso a su contenido. Cuando la notificación por medios electrónicos sea de carácter obligatorio, o haya sido expresamente elegida por el interesado, se entenderá rechazada cuando hayan transcurrido diez días naturales desde la puesta a disposición de la notificación sin que se acceda a su contenido.

3. Se entenderá cumplida la obligación a la que se refiere el artículo 40.4 con la puesta a disposición de la notificación en la sede electrónica de la Administración u organismo actuante o en la dirección electrónica habilitada única.

4. Los interesados podrán acceder a las notificaciones desde el Punto de Acceso General Electrónico de la Administración, que funcionará como un portal de acceso.

Artículo 44. Notificación infructuosa

Cuando los interesados en un procedimiento sean desconocidos, se ignore el lugar de la notificación o bien, intentada esta, no se hubiese podido practicar, la notificación se hará por medio de un anuncio publicado en el Boletín Oficial del Estado.

Asimismo, previamente y con carácter facultativo, las Administraciones podrán publicar un anuncio en el boletín oficial de la comunidad autónoma o de la provincia, en el tablón de edictos del ayuntamiento del último domicilio del interesado o del consulado o sección consular de la embajada correspondiente. Las Administraciones públicas podrán establecer otras formas de notificación complementarias a través de los restantes medios de difusión, que no excluirán la obligación de publicar el correspondiente anuncio en el Boletín Oficial del Estado.

La publicación

Artículo 45. Publicación

1. Los actos administrativos serán objeto de publicación cuando así lo establezcan las normas reguladoras de cada procedimiento o cuando lo aconsejen razones de interés público apreciadas por el órgano competente. En

todo caso, los actos administrativos serán objeto de publicación, surtiendo esta los efectos de la notificación, en los siguientes casos:

a) Cuando el acto tenga por destinatario a una pluralidad indeterminada de personas o cuando la Administración estime que la notificación efectuada a un solo interesado es insuficiente para garantizar la notificación a todos, siendo, en este último caso, adicional a la individualmente realizada.

b) Cuando se trate de actos integrantes de un procedimiento selectivo o de concurrencia competitiva de cualquier tipo. En este caso, la convocatoria del procedimiento deberá indicar el medio donde se efectuarán las sucesivas publicaciones, careciendo de validez las que se lleven a cabo en lugares distintos.

2. La publicación de un acto deberá contener los mismos elementos que el artículo 40.2 exige respecto de las notificaciones. Será también aplicable a la publicación lo establecido en el apartado 3 del mismo artículo.

En los supuestos de publicaciones de actos que contengan elementos comunes, podrán publicarse de forma conjunta los aspectos coincidentes, especificándose solamente los aspectos individuales de cada acto.

3. La publicación de los actos se realizará en el diario oficial que corresponda, según cual sea la Administración de la que proceda el acto que se va a notificar.

4. Sin perjuicio de lo dispuesto en el artículo 44, la publicación de actos y comunicaciones que, por disposición legal o reglamentaria deba practicarse en tablón de anuncios o edictos, se entenderá cumplida por su publicación en el diario oficial correspondiente.

Artículo 46. Indicación de notificaciones y publicaciones

Si el órgano competente apreciase que la notificación por medio de anuncios o la publicación de un acto lesiona derechos o intereses legítimos, se limitará a publicar en el diario oficial que corresponda una somera indicación del contenido del acto y del lugar donde los interesados podrán comparecer, en el plazo que se establezca, para conocimiento del contenido íntegro del mencionado acto y constancia de tal conocimiento. Adicionalmente y de manera facultativa, las Administraciones podrán establecer otras formas de notificación complementarias a través de los restantes medios de difusión que no excluirán la obligación de publicar en el correspondiente diario oficial.

3.2. Procedimiento administrativo

3.2.1. Características

La noción de procedimiento no es exclusiva del derecho administrativo, y ni siquiera lo es del derecho procesal. La moderna doctrina considera el procedimiento como una categoría propia de la teoría general del derecho, de la que los procedimientos legislativo, judicial y administrativo son sus especificaciones.

El procedimiento administrativo puede definirse, como se hacía en la Ley de Procedimiento Administrativo, en su Exposición de Motivos, de 1958, como «el cauce formal de la serie de actos en que se concretará la actuación de la Administración para la realización de un fin».

El medio normal de desenvolvimiento de la actividad administrativa lo constituyen los actos compuestos en sentido estricto o actos procedimiento. Es decir, aquellos actos integrados por una cadena de actos de distinto alcance y contenido —los actos trámite—, que conducen al último eslabón de aquella —el acto definitivo—, en que se contiene la voluntad de la Administración. Esta, por tanto, no surge de forma espontánea o imprevista, sino que es resultado de la actuación coordinada de uno o varios órganos que tienden a la consecución de un mismo fin. La elaboración del acto administrativo está, pues, sujeta a una forma, prescrita por el ordenamiento jurídico y se designa con la expresión de procedimiento administrativo. En consecuencia, puede este definirse como «el cauce formal de la serie de actos en que se concreta la actuación administrativa para la realización de un fin» (Exposición de Motivos de la Ley de Procedimiento Administrativo de 1958).

El procedimiento administrativo no debe confundirse con el expediente administrativo, que representa su materialización y que está integrado por el conjunto ordenado de documentos y actuaciones que sirven de antecedente y fundamento a la resolución administrativa, así como las diligencias encaminadas a ejecutarla.

1.- El carácter contradictorio del procedimiento administrativo.

El procedimiento administrativo puede iniciarse de oficio o a instancia de persona interesada, en cualquier caso, es de esencia a todo procedimiento su carácter contradictorio, es decir, la posibilidad de que se hagan valer los distintos intereses en juego y que esos intereses sean adecuadamente confrontados en presencia de sus respectivos titulares antes de adoptar una decisión definitiva.

2.- El principio de economía procedimental.

La Ley 39/2015, de 1 de octubre, del Procedimiento Administrativo Común de las Administraciones Públicas ha ratificado estos criterios, reproduciendo el 103.1 de la Constitución de 1978. La jurisprudencia constitucional es explícita cuando afirma que, aunque la eficacia de la Administración es un bien constitucionalmente protegido, tal principio es de rango inferior a la igualdad, que es no solo un derecho individual, sino un principio al que está sometido el legislador, e incluso un valor superior del ordenamiento jurídico.

3.- El principio *in dubio pro actione*.

Se sitúa con estrecha conexión con el principio de economía procedimental. La Ley 39/2015 incorpora a su texto abundantes aplicaciones de este principio, por ejemplo, el artículo 115, a tenor del cual el error en la calificación del recurso no obsta a su tramitación, precepto avalado por una jurisprudencia reiterada que ha extendido su virtud a toda clase de escritos, sean o no de recurso.

El artículo 95.1 que exige a la Administración que advierta al interesado con una antelación de tres meses de la amenaza de caducidad del procedimiento en caso de que este se encuentre paralizado por una causa que le sea imputable.

Los artículos 68 y 73 obligan al órgano administrativo a requerir al interesado para que subsane la falta cometida por él o acompañe los documentos exigidos en un nuevo plazo de diez días.

4.- El principio de oficialidad.

Sin perjuicio de la intervención activa de los interesados, que resulta del carácter contradictorio del procedimiento administrativo en los términos que ya conocemos, la Ley 39/2015 establece en su artículo 71 que «el procedimiento se impulsará de oficio en todos sus trámites». Esto significa que la Administración está específicamente obligada a desarrollar la actividad que sea necesaria para llegar a la decisión final, sin necesidad de que sea excitada en este sentido por los particulares, a diferencia de lo que ocurre en el ámbito de la jurisdicción civil, donde, por regir el principio dispositivo, se entiende que el proceso es cosa de las partes, de quienes depende, en consecuencia, su progresión.

En el artículo 20 de la Ley 3/2015, se responsabiliza directamente de la tramitación del procedimiento a los titulares de las unidades administrativas que tuvieren a su cargo la resolución o el despacho de los asuntos. Idénticas prevenciones contiene el artículo 21 en relación con la obligación que impone de resolver, dentro del plazo máximo establecido, en las normas concretamente aplicables.

5.- Exigencia de legitimación.

Salvo en aquellos supuestos excepcionales en que está expresamente reconocido por la ley el carácter público de la acción, la promoción de un nuevo procedimiento administrativo o la participación en un procedimiento ya en marcha, requiere en particular una cualificación específica: **legitimación**, que implica una selección más o menos amplia, de entre el conjunto de la colectividad, de uno o varios ciudadanos, a los que refiere la ley de modo exclusivo la posibilidad misma de promover un procedimiento y de participar activamente en su desenvolvimiento ulterior mediante el ejercicio de los derechos e intereses que, solo a ellos y no a los demás ciudadanos, se reconocen.

6.- La imparcialidad en el procedimiento administrativo.

La Administración reúne en el procedimiento administrativo la doble condición de juez y parte, razón por la cual el principio de imparcialidad, característico del proceso, resulta relativizado en cierta medida.

El artículo 103 de la Constitución impone a la Administración los deberes de objetividad e imparcialidad, lo que obliga a la Administración a realizar un esfuerzo en esta dirección. Así, la Ley 39/2015 regula los principios del procedimiento sancionador y separa formalmente las funciones de instrucción y resolución. Lo mismo ocurre en materia de oposiciones y concursos, así como en el ámbito tributario en el que secularmente se ha separado la gestión tributaria de la resolución de las reclamaciones económico-administrativas. Lo mismo ocurre en materia de defensa de la competencia, que confía a un órgano *ad hoc* el Tribunal de Defensa de la Competencia, excluido de la línea jerárquica.

7.- El principio de transparencia.

El artículo 105.b) de la Constitución reconoce a los ciudadanos la posibilidad de acceder «a los archivos y registros administrativos, salvo en lo que afecte a la seguridad y defensa del Estado, la averiguación de los delitos y la intimidad de las personas», aunque remite su regulación a la ley, siendo el artículo 13 de la Ley 39/2015 el que lo regula, bajo la denominación de «Derechos de las personas en sus relaciones con las Administraciones públicas».

3.2.2. Etapas: iniciación, ordenación, instrucción y terminación

- Iniciación.

  Los procedimientos podrán iniciarse de oficio o a solicitud de persona interesada (art. 54 LPAC).

  1. Iniciación de oficio (art. 58 LPAC): los procedimientos se iniciarán de oficio por acuerdo del órgano competente, (1) bien por propia iniciativa o (2) como consecuencia de orden superior, (3) a petición razonada de otros órganos o (4) por denuncia. En principio, el denunciante no se considera por la ley como interesado, por lo que queda al margen del procedimiento. Decimos en principio porque podría darse que, aunque de forma directa, quien pone en conocimiento de la Administración hechos que pueden determinar la incoación de un procedimiento no debe considerarse interesado en la resolución que recaiga, cabe que en ocasiones sí exista, indirectamente, un interés. En tal supuesto, entendemos que el denunciante ostentará en el procedimiento, aunque se inicie de oficio, una situación mixta, de simple denunciante y de interesado.

     Con anterioridad al acuerdo de iniciación, podrá el órgano competente abrir un período de información previa con el fin de conocer las circunstancias del caso concreto y la conveniencia o no de iniciar el procedimiento.

  2. Iniciación a instancia de persona interesada (art. 66 LPAC): el firmante de la solicitud deberá:

     Tener capacidad suficiente para entablar el tipo de relación de que se trate. Tendrán capacidad de obrar ante las Administraciones públicas, además de las personas que la ostenten con arreglo a las normas civiles, los menores de edad para el ejercicio y defensa de aquellos de sus derechos e intereses cuya actuación esté permitida por el ordenamiento jurídico-administrativo sin la asistencia de la persona que ejerza la patria potestad, tutela o curatela. Se exceptúa el supuesto de los menores incapacitados, cuando la extensión de la incapacitación afecte al ejercicio y defensa de los derechos o intereses de que se trate (art. 3 LPAC). Si el interesado no tuviere capacidad suficiente deberá actuar por medio de su representante o auxiliado por quien la complemente.

     Los interesados con capacidad de obrar podrán actuar por medio de representante, entendiéndose con este las actuaciones administrativas, salvo manifestación expresa en contra del interesado (art. 5 LPAC).

- Ordenación.

La ordenación del procedimiento comprende aquel conjunto de normas y principios que tienden a procurar su desenvolvimiento hasta llegar a la resolución final. De aquí se deduce que los aspectos que bajo esta rúbrica se regulan no se desarrollan en un momento procedimental determinado, sino que han de ser tenidos en consideración a lo largo de todo el procedimiento.

- Instrucción.

A diferencia de los actos de ordenación, los de instrucción tienden a proporcionar al órgano decisorio los elementos de juicio necesarios para una adecuada resolución. En abstracto, tales elementos podrán derivar de las alegaciones de los interesados, de los informes que emitan órganos distintos del que ha de resolver, de las alegaciones que se produzcan como consecuencia de una información pública, de las pruebas que se practiquen y de aquellas alegaciones específicas de los interesados que formulen, precisamente, en el caso de que se les dé vista del expediente, una vez instruido. Ello no implica que en todo procedimiento se den todos los actos de instrucción citados, que son los que regula la ley, pues en muchos casos bastarán las alegaciones aducidas por el interesado en su escrito inicial para que la Administración, sin más trámites, dicte la resolución procedente. Antes de estudiar cada uno de aquellos actos, del administrado o de la Administración, conviene recordar el principio de oficialidad que establece el artículo 75 de la LPAC y por cuya virtud «los actos de instrucción necesarios para la determinación, conocimiento y comprobación de los datos en virtud de los cuales deba pronunciarse la resolución, se realizarán de oficio por el órgano que tramite el procedimiento, sin perjuicio del derecho de los interesados a proponer aquellas actuaciones que requieran su intervención o constituyan trámites legal o reglamentariamente establecidos». Como señala el artículo 71 de la LPAC:

1. El procedimiento, sometido al principio de celeridad, se impulsará de oficio en todos sus trámites y a través de medios electrónicos, respetando los principios de transparencia y publicidad.

2. En el despacho de los expedientes se guardará el orden riguroso de incoación en asuntos de homogénea naturaleza, salvo que por el titular de la unidad administrativa se dé orden motivada en contrario, de la que quede constancia.

   El incumplimiento de lo dispuesto en el párrafo anterior dará lugar a la exigencia de responsabilidad disciplinaria del infractor y, en su caso, será causa de remoción del puesto de trabajo.

3. Las personas designadas como órgano instructor o, en su caso, los titulares de las unidades administrativas que tengan atribuida tal función serán responsables directos de la tramitación del procedimiento y, en especial, del cumplimiento de los plazos establecidos.

- Finalización.

Ponen fin al procedimiento, además de la resolución (1), (2) el desistimiento, (3) la renuncia al derecho en que se funde la solicitud (cuando tal renuncia no esté prohibida por el ordenamiento jurídico), (4) la declaración de caducidad, (5) la imposibilidad material de continuarlo por causas sobrevenidas, así como (6) los acuerdos, pactos, convenios o contratos que las Administraciones públicas celebren con personas tanto de derecho público como privado siempre que, teniendo la consideración de finalizadores de los procedimientos administrativos, no sean contrarios al ordenamiento jurídico ni versen sobre materias no susceptibles de transacción y tengan por objeto satisfacer el interés público que tienen encomendado (arts. 84 y 86 LPAC).

3.2.3. La respuesta de la Administración. El silencio administrativo

El régimen jurídico de los actos presuntos se recoge fundamentalmente en los artículos 21, 24 y 25 de la Ley 39/2015 LPAC.

La obligación de resolver

Art. 21

1. La Administración está obligada a dictar resolución expresa y a notificarla en todos los procedimientos, sea cual sea su forma de iniciación.

En los casos de prescripción, renuncia del derecho, caducidad del procedimiento o desistimiento de la solicitud, así como de desaparición sobrevenida del objeto del procedimiento, la resolución consistirá en la declaración de la circunstancia que concurra en cada caso, con indicación de los hechos producidos y las normas aplicables.

Se exceptúan de la obligación a que se refiere el párrafo primero los supuestos de terminación del procedimiento por pacto o convenio, así como los procedimientos relativos al ejercicio de derechos sometidos únicamente al deber de declaración responsable o comunicación a la Administración.

2. El plazo máximo en el que debe notificarse la resolución expresa será el fijado por la norma reguladora del correspondiente procedimiento.

    Este plazo no podrá exceder de seis meses, salvo que una norma con rango de ley establezca uno mayor o así venga previsto en el derecho de la Unión Europea.

3. Cuando las normas reguladoras de los procedimientos no fijen el plazo máximo, este será de tres meses. Este plazo y los previstos en el apartado anterior se contarán:

    a) En los procedimientos iniciados de oficio, desde la fecha del acuerdo de iniciación.

    b) En los iniciados a solicitud del interesado, desde la fecha en que la solicitud haya tenido entrada en el registro electrónico de la Administración u organismo competente para su tramitación.

4. Las Administraciones públicas deben publicar y mantener actualizadas en el portal web, a efectos informativos, las relaciones de procedimientos de su competencia, con indicación de los plazos máximos de duración de los mismos, así como de los efectos que produzca el silencio administrativo.

    En todo caso, las Administraciones públicas informarán a los interesados del plazo máximo establecido para la resolución de los procedimientos y para la notificación de los actos que les pongan término, así como de los efectos que pueda producir el silencio administrativo. Dicha mención se incluirá en la notificación o publicación del acuerdo de iniciación de oficio, o en la comunicación que se dirigirá al efecto al interesado dentro de los diez días siguientes a la recepción de la solicitud iniciadora del procedimiento en el registro electrónico de la Administración u organismo competente para su tramitación. En este último caso, la comunicación indicará, además, la fecha en que la solicitud ha sido recibida por el órgano competente.

5. Cuando el número de las solicitudes formuladas o las personas afectadas pudieran suponer un incumplimiento del plazo máximo de resolución, el órgano competente para resolver, a propuesta razonada del órgano instructor, o el superior jerárquico del órgano competente para resolver, a propuesta de este, podrán habilitar los medios personales y materiales para cumplir con el despacho adecuado y en plazo.

6. El personal al servicio de las Administraciones públicas que tenga a su cargo el despacho de los asuntos, así como los titulares de los órganos

administrativos competentes para instruir y resolver son directamente responsables, en el ámbito de sus competencias, del cumplimiento de la obligación legal de dictar resolución expresa en plazo.

El incumplimiento de dicha obligación dará lugar a la exigencia de responsabilidad disciplinaria, sin perjuicio de la que hubiere lugar de acuerdo con la normativa aplicable.

El silencio administrativo es un elemento esencial del régimen jurídico de las Administraciones públicas. Esta técnica opera en la actuación de las mismas como un mecanismo que permite, en caso de inactividad por falta de resolución en procedimientos administrativos, imputar a la administración de que se trate un «acto administrativo presunto», que tendrá la condición de verdadero acto, en caso de que las reglas del silencio lo configuren como estimatorio y que, por el contrario, será mera ficción jurídica, si se configura como desestimatorio.

Artículo 24. Silencio administrativo en procedimientos iniciados a solicitud del interesado

1. En los procedimientos iniciados a solicitud del interesado, sin perjuicio de la resolución que la Administración debe dictar en la forma prevista en el apartado 3 de este artículo, el vencimiento del plazo máximo sin haberse notificado resolución expresa legítima al interesado o interesados para entenderla estimada por silencio administrativo, excepto en los supuestos en los que una norma con rango de ley o una norma de derecho de la Unión Europea o de derecho internacional aplicable en España establezcan lo contrario. Cuando el procedimiento tenga por objeto el acceso a actividades o su ejercicio, la ley que disponga el carácter desestimatorio del silencio deberá fundarse en la concurrencia de razones imperiosas de interés general.

   El silencio tendrá efecto desestimatorio en los procedimientos relativos al ejercicio del derecho de petición, a los que se refiere el artículo 29 de la Constitución, aquellos cuya estimación tuviera como consecuencia que se transfirieran al solicitante o a terceros facultades relativas al dominio público o al servicio público, que impliquen el ejercicio de actividades que puedan dañar el medio ambiente y en los procedimientos de responsabilidad patrimonial de las Administraciones públicas.

   El sentido del silencio también será desestimatorio en los procedimientos de impugnación de actos y disposiciones y en los de revisión de oficio iniciados a solicitud de los interesados. No obstante, cuando el recurso de alzada se haya interpuesto contra la desestimación por silencio administrativo de una solicitud por el transcurso del plazo, se entenderá estimado el mismo si, llegado el plazo de resolución, el órgano administrativo competente no dictase y notificase resolución expresa, siempre que no se refiera a las materias enumeradas en el párrafo anterior de este apartado.

2. La estimación por silencio administrativo tiene a todos los efectos la consideración de acto administrativo finalizador del procedimiento. La desestimación por silencio administrativo tiene los solos efectos de permitir a los interesados la interposición del recurso administrativo o contencioso-administrativo que resulte procedente.

3. La obligación de dictar resolución expresa a que se refiere el apartado primero del artículo 21 se sujetará al siguiente régimen:

   a) En los casos de estimación por silencio administrativo, la resolución expresa posterior a la producción del acto solo podrá dictarse de ser confirmatoria del mismo.

   b) En los casos de desestimación por silencio administrativo, la resolución expresa posterior al vencimiento del plazo se adoptará por la Administración, sin vinculación alguna al sentido del silencio.

4. Los actos administrativos producidos por silencio administrativo se podrán hacer valer tanto ante la Administración como ante cualquier persona física o jurídica, pública o privada. Los mismos producen efectos desde el vencimiento del plazo máximo en el que debe dictarse y notificarse la resolución expresa sin que la misma se haya expedido, y su existencia puede ser acreditada por cualquier medio de prueba admitido en derecho, incluido el certificado acreditativo del silencio producido. Este certificado se expedirá de oficio por el órgano competente para resolver en el plazo de quince días desde que expire el plazo máximo para resolver el procedimiento. Sin perjuicio de lo anterior, el interesado podrá pedirlo en cualquier momento, computándose el plazo indicado anteriormente desde el día siguiente a aquel en que la petición tuviese entrada en el registro electrónico de la Administración u organismo competente para resolver.

Artículo 25. Falta de resolución expresa en procedimientos iniciados de oficio

1. En los procedimientos iniciados de oficio, el vencimiento del plazo máximo establecido sin que se haya dictado y notificado resolución expresa no exime a la Administración del cumplimiento de la obligación legal de resolver, produciendo los siguientes efectos:

a) En el caso de procedimientos de los que pudiera derivarse el reconocimiento o, en su caso, la constitución de derechos u otras situaciones jurídicas favorables, los interesados que hubieren comparecido podrán entender desestimadas sus pretensiones por silencio administrativo.

b) En los procedimientos en que la Administración ejercite potestades sancionadoras o, en general, de intervención, susceptibles de producir efectos desfavorables o de gravamen, se producirá la caducidad. En estos casos, la resolución que declare la caducidad ordenará el archivo de las actuaciones, con los efectos previstos en el artículo 95.

2. En los supuestos en los que el procedimiento se hubiera paralizado por causa imputable al interesado, se interrumpirá el cómputo del plazo para resolver y notificar la resolución.

3.3. El recurso administrativo

3.3.1. Derechos de los ciudadanos frente a las Administraciones públicas

En el plano de la teoría es obvio que el concepto de interesado no puede identificarse con el de ciudadano, siendo este último, evidentemente, más amplio y de mayor alcance. Tanto más cuanto que, al haberse establecido en el Tratado de la Unión Europea la ciudadanía europea, habrá que entender que el ciudadano de aquella es, asimismo, titular de cuantos derechos se señalan en la ley, cuyos redactores posiblemente pensaban, única y exclusivamente, en la ciudadanía española. Recuérdese concretamente que, como consecuencia del referido tratado, ha sido necesario reformar el artículo 13.2 de la Constitución española, a los efectos de lo previsto en el artículo 23.1, sobre el derecho a participar en los asuntos públicos.

Obsérvese, empero que, como luego se verá, los derechos de las personas que cuidadosamente enumera el artículo 13 de la Ley 39/2015 requiere, en la mayor parte de los casos, que el ciudadano sea, asimismo, interesado en el expediente; por ejemplo, el derecho a conocer el estado de tramitación de los procedimientos solo es ejercitable por quienes tengan la condición de interesados en dicho procedimiento, incluso aunque no sean ciudadanos.

El mencionado artículo 13 de la ley enumera los siguientes derechos de las personas en sus relaciones con las Administraciones públicas:

Quienes, de conformidad con el artículo 3, tienen capacidad de obrar ante las Administraciones públicas, son titulares, en sus relaciones con ellas, de los siguientes derechos:

a) A comunicarse con las Administraciones públicas a través de un Punto de Acceso General Electrónico de la Administración.

b) A ser asistidos en el uso de medios electrónicos en sus relaciones con las Administraciones públicas.

c) A utilizar las lenguas oficiales en el territorio de su comunidad autónoma, de acuerdo con lo previsto en esta ley y en el resto del ordenamiento jurídico.

d) Al acceso a la información pública, archivos y registros, de acuerdo con lo previsto en la Ley 19/2013, de 9 de diciembre, de transparencia, acceso a la información pública y buen gobierno y al resto del ordenamiento jurídico.

e) A ser tratados con respeto y deferencia por las autoridades y empleados públicos, que habrán de facilitarles el ejercicio de sus derechos y el cumplimiento de sus obligaciones.

f) A exigir las responsabilidades de las Administraciones públicas y autoridades, cuando así corresponda legalmente.

g) A la obtención y utilización de los medios de identificación y firma electrónica contemplados en esta ley.

h) A la protección de datos de carácter personal, y en particular a la seguridad y confidencialidad de los datos que figuren en los ficheros, sistemas y aplicaciones de las Administraciones públicas.

i) Cualesquiera otros que les reconozcan la Constitución y las leyes.

Estos derechos se entienden sin perjuicio de los reconocidos en el artículo 53 referidos a los interesados en el procedimiento administrativo:

a) A conocer, en cualquier momento, el estado de la tramitación de los procedimientos en los que tengan la condición de interesados, y obtener copias de documentos contenidos en ellos (no se trata de un derecho inherente a la condición de ciudadanos).

b) A identificar a las autoridades y al personal al servicio de las Administraciones públicas bajo cuya responsabilidad se tramiten los procedimientos (en cuya redacción, parece que no es exigible la condición de interesado).

c) A obtener copia sellada de los documentos que presenten, aportándola junto con los originales, así como a la devolución de estos, salvo cuando los originales deban obrar en el procedimiento.

d) A utilizar las lenguas oficiales en el territorio de su comunidad autónoma, de acuerdo con lo previsto en esta ley y en el resto del ordenamiento jurídico.

e) A formular alegaciones y a aportar documentos en cualquier fase del procedimiento anterior al trámite de audiencia, que deberán ser tenidos en cuenta por el órgano competente al redactar la propuesta de resolución (aquí también se presupone la condición de interesado).

f) A no presentar documentos no exigidos por las normas aplicables al procedimiento de que se trate, o que ya se encuentren en poder de la Administración actuante.

g) A obtener información y orientación acerca de los requisitos jurídicos o técnicos que las disposiciones vigentes impongan a los proyectos, actuaciones o solicitudes que se propongan realizar.

h) Al acceso a los registros y archivos de las Administraciones públicas en los términos previstos en la Constitución y en esta u otras.

i) A ser tratados con respeto y deferencia por las autoridades y funcionarios, que habrán de facilitarles el ejercicio de sus derechos y el cumplimiento de sus obligaciones.

j) A exigir las responsabilidades de las Administraciones públicas y del personal a su servicio, cuando así corresponda legalmente.

k) Cualesquiera otros que les reconozcan la Constitución y las leyes.

Por su parte, el artículo 14 reconoce el derecho y obligación de relacionarse electrónicamente con las Administraciones públicas:

1. Las personas físicas podrán elegir en todo momento si se comunican con las Administraciones públicas para el ejercicio de sus derechos y obligaciones a través de medios electrónicos o no, salvo que estén obligadas a relacionarse a través de medios electrónicos con ellas. El medio elegido por la persona para comunicarse con las Administraciones públicas podrá ser modificado por aquella en cualquier momento.

2. En todo caso, estarán obligados a relacionarse a través de medios electrónicos con las Administraciones públicas para la realización de cualquier trámite de un procedimiento administrativo, al menos, los siguientes sujetos:

    a) Las personas jurídicas.

    b) Las entidades sin personalidad jurídica.

c) Quienes ejerzan una actividad profesional para la que se requiera colegiación obligatoria, para los trámites y actuaciones que realicen con las Administraciones públicas en ejercicio de dicha actividad profesional. En todo caso, dentro de este colectivo se entenderán incluidos los notarios y registradores de la propiedad y mercantiles.

d) Quienes representen a un interesado que esté obligado a relacionarse electrónicamente con la Administración.

e) Los empleados de las Administraciones públicas para los trámites y actuaciones que realicen con ellas por razón de su condición de empleado público, en la forma en que se determine reglamentariamente por cada Administración.

3. Reglamentariamente, las Administraciones podrán establecer la obligación de relacionarse con ellas a través de medios electrónicos para determinados procedimientos y para ciertos colectivos de personas físicas que, por razón de su capacidad económica, técnica, dedicación profesional u otros motivos, quede acreditado que tienen acceso y disponibilidad de los medios electrónicos necesarios.

3.3.2. Concepto y cuestiones básicas de los recursos

Los recursos administrativos son actuaciones de los particulares en los que se solicita de la Administración la revisión o revocación de una resolución administrativa o de un acto de trámite, si estos deciden directa o indirectamente el fondo del asunto, determinan la imposibilidad de continuar el procedimiento, producen indefensión o perjuicio irreparable a derechos e intereses legítimos, porque no se consideran acordes con el ordenamiento jurídico o porque están viciados de desviación de poder.

Debemos tener en cuenta que la presunción de validez de los actos administrativos es *iuris tantum*, es decir, que admite prueba en contrario por parte del interesado cuando entable el correspondiente recurso administrativo y, en su caso, contencioso-administrativo, de forma que, si demuestra que la Administración ha incurrido en ilegalidad al dictar el acto, este debe ser anulado.

A este fin, y al margen de los supuestos de la revisión de oficio, la ley ha concedido al particular diversos cauces para poder llegar a esta anulación, que no son otros que los recursos administrativos o, en su caso, el acceso a los órganos jurisdiccionales para conseguir una satisfacción a sus pretensiones, a través del recurso contencioso-administrativo. Son, en definitiva, un acto con el que un sujeto legitimado pide a la Administración que revise una resolución administrativa, o, excepcionalmente, un acto trámite, dentro de los plazos y con arreglo a las formalidades pertinentes.

Su nota característica es, pues, su finalidad impugnatoria de actos o disposiciones preexistentes que se estiman contrarias a derecho, lo que les distingue de las peticiones, cuyo objetivo es forzar la producción de un acto nuevo, y de las quejas, que, como se deriva de lo dispuesto en los artículos 20 y 21 de la Ley 39/2015 (en los que se permite al particular la exigencia de responsabilidad por defectuosa tramitación o por incumplimiento de los plazos para resolver en el procedimiento), no persiguen la revocación de acto administrativo alguno, sino solamente que se corrijan en el curso mismo del procedimiento en que se producen los defectos de tramitación a que se refieren y, en especial, los que supongan paralización de los plazos preceptivamente señalados u omisión de los trámites que puedan subsanarse antes de la resolución definitiva del asunto.

Partiendo de estas premisas, puede señalarse que el recurso administrativo es una garantía para los afectados por la resolución administrativa, en cuanto les aseguran la posibilidad de reaccionar contra ella y, eventualmente, de eliminar el perjuicio que comporta, alcanzando a todo tipo de actos administrativos. Ahora bien, es una garantía limitada por cuanto se interponen y resuelven ante y por la propia Administración (que es, por tanto, juez y parte).

3.3.3. Clases de recursos

Hay tres tipos de recursos, que pueden ser interpuestos según las circunstancias de cada caso:

*   Alzada
*   Potestativo de reposición
*   Extraordinario de revisión

El error en la calificación del recurso por parte del recurrente no será obstáculo para su tramitación, siempre que se deduzca su verdadero carácter.

El recurso de alzada es el que se interpone contra las resoluciones y actos a los que se refiere el artículo 112 de la LPAC, esto es, contra las resoluciones que no pongan fin a la vía administrativa y los actos de trámite, si estos deciden directa o indirectamente el fondo del asunto, determinan la imposibilidad de continuar el procedimiento, producen indefensión o perjuicio irreparable a derechos e intereses legítimos. Puede fundarse en cualquiera de los motivos de nulidad o anulabilidad.

El recurso potestativo de reposición se puede interponer contra actos que pongan fin a la vía administrativa, entre los cuales encontramos:

- Las resoluciones de los recursos de alzada.

- Las resoluciones de los procedimientos de impugnación a que se refiere el artículo 112 de la LPAC.

- Las resoluciones de los órganos administrativos que carezcan de superior jerárquico, salvo que una ley establezca lo contrario.

- Las demás resoluciones de órganos administrativos cuando una disposición legal o reglamentaria así lo establezca.

- Los acuerdos, pactos, convenios o contratos que tengan la consideración de finalizadores del procedimiento.

El recurso extraordinario de revisión es el que se interpone contra los actos que agotan la vía administrativa o contra los que no se haya interpuesto recurso administrativo en plazo, cuando concurra alguna de las circunstancias siguientes:

- Que al dictarlos se hubiera incurrido en error de hecho, que resulte de los propios documentos incorporados al expediente.

- Que aparezcan documentos de valor esencial para la resolución del asunto que, aunque sean posteriores, evidencien el error de la resolución recurrida.

- Que en la resolución hayan influido esencialmente documentos o testimonios declarados falsos por sentencia judicial firme, anterior o posterior a aquella resolución.

- Que la resolución se hubiese dictado como consecuencia de prevaricación, cohecho, violencia, maquinación fraudulenta u otra conducta punible y se haya declarado así en virtud de sentencia judicial firme.

3.3.4. Requisitos para la presentación de un recurso administrativo

Dos son los principales requisitos para la interposición de recursos administrativos:

A.- Capacidad procesal.

Tienen capacidad procesal ante el orden jurisdiccional contencioso-administrativo, además de las personas que la ostenten con arreglo a la Ley de Enjuiciamiento Civil, los menores de edad para la defensa de aquellos de sus derechos e intereses legítimos cuya actuación les esté permitida por el ordenamiento jurídico sin necesidad de asistencia de la persona que ejerza la patria potestad, tutela o curatela (art. 18.1 LJCA).

Los grupos de afectados, uniones sin personalidad o patrimonios independientes o autónomos, entidades todas ellas aptas para ser titulares de derechos y obligaciones al margen de su integración en las estructuras formales de las personas jurídicas, también tendrán capacidad procesal ante el orden jurisdiccional contencioso-administrativo cuando la ley así lo declare expresamente (art. 18.2 LJCA).

B.- Legitimación.

Están legitimados ante el orden jurisdiccional contencioso-administrativo (art. 19.1 LJCA):

- Las personas físicas o jurídicas que ostenten un derecho o interés legítimo.

- Las corporaciones, asociaciones, sindicatos y grupos y entidades a que se refiere el artículo 18 que resulten afectados o estén legalmente habilitados para la defensa de los derechos e intereses legítimos colectivos.

- La Administración del Estado, cuando ostente un derecho o interés legítimo, para impugnar los actos y disposiciones de la Administración de las comunidades autónomas y de los organismos públicos vinculados a estas, así como los de las entidades locales, de conformidad con lo dispuesto en la legislación de régimen local, y los de cualquier otra entidad pública no sometida a su fiscalización.

- La Administración de las comunidades autónomas, para impugnar los actos y disposiciones que afecten al ámbito de su autonomía, emanados de la Administración del Estado y de cualquier otra Administración u organismo público, así como los de las entidades locales, de conformidad con lo dispuesto en la legislación de régimen local.

- Las entidades locales territoriales, para impugnar los actos y disposiciones que afecten al ámbito de su autonomía, emanados de las Administraciones del Estado y de las comunidades autónomas, así como los de organismos públicos con personalidad jurídica propia vinculados a una y otras o los de otras entidades locales.

- El Ministerio Fiscal para intervenir en los procesos que determine la ley.

- Las entidades de derecho público con personalidad jurídica propia, vinculadas o dependientes de cualquiera de las Administraciones públicas para impugnar los actos o disposiciones que afecten al ámbito de sus fines.

- Cualquier ciudadano, en ejercicio de la acción popular, en los casos expresamente previstos por las leyes.

3.3.5. Escritos

Con carácter general, el recurso contencioso-administrativo se iniciará por un escrito reducido a citar la disposición, acto, inactividad o actuación constitutiva de vía de hecho que se impugne y a solicitar que se tenga por interpuesto el recurso, salvo cuando esta ley disponga otra cosa (art. 45.1 LJCA), y acompañado de los documentos enumerados en el art. 45.2. Si con el escrito no se acompañan los citados documentos o los presentados son incompletos y, en general, siempre que el juzgado o sala estime que no concurren los requisitos exigidos por esta ley para la validez de la comparecencia, requerirá inmediatamente la subsanación de los mismos, señalando un plazo de diez días para que el recurrente pueda llevarla a efecto, y, si no lo hace, se ordenará el archivo de las actuaciones (art. 45.3).

El recurso de lesividad se iniciará por demanda, que fijará con precisión la persona o personas demandadas y su sede o domicilio si constara, y acompañada de la declaración de lesividad, del expediente administrativo y, si procede, de los documentos de las letras a) y d) del citado apartado 2 (art. 45.4).

El recurso dirigido contra una disposición general, acto, inactividad o vía de hecho en que no existan terceros interesados podrá iniciarse también mediante demanda en que se concretará la disposición, acto o conducta impugnados y se razonará su disconformidad a derecho. Con la demanda se acompañarán los documentos que procedan de los previstos en el manido apartado 2 del mismo precepto (art. 45.5).

De conformidad con lo dispuesto en el art. 46 LJCA, el plazo para interponer el recurso contencioso-administrativo será de dos meses contados desde el día siguiente al de la publicación de la disposición impugnada o al de la notificación o publicación del acto que ponga fin a la vía administrativa, si fuera expreso.

El plazo para interponer recurso de lesividad será de dos meses, a contar desde el día siguiente a la fecha de la declaración de lesividad (art. 46.5).

3.4. El proceso contencioso-administrativo

3.4.1. Concepto y plazos

El proceso contencioso-administrativo nació en 1845 como un proceso civil de primera instancia, e inmediatamente evolucionó hacia un modelo similar al proceso de apelación civil, pero en el que el acto administrativo recurrido oficia de sentencia de primera instancia y el expediente administrativo cumple las funciones de los autos judiciales. Y de la misma forma que en la apelación civil, la no impugnación de la sentencia de primera instancia en el corto plazo previsto para la apelación produce el efecto de cosa juzgada, así también la no impugnación del acto administrativo en los brevísimos plazos de los recursos administrativos previos o en el previsto para acceder al contencioso-administrativo judicial da lugar al mismo efecto de cosa juzgada, o, lo que es igual, lo convierte en un acto firme y consentido, definitivamente inatacable.

La primera restricción es la derivada de la exigencia del acto previo. La jurisprudencia declara inadmisible cualquier pretensión que no traiga causa de resoluciones o acuerdos de la Administración. Tampoco permite el enjuiciamiento de actos administrativos distintos de los citados como impugnados en el escrito de interposición del recurso e introducidos en el trámite de formulación de demanda sin guardar los requisitos propios de la acumulación. Y tampoco se acepta que el recurrente pretenda una pronunciación jurisprudencial sobre un acto posterior al escrito de interposición, salvo que se den los requisitos de la ampliación.

En el carácter revisor se apoya la regla de la preferencia a la hora de dictar sentencia de los análisis de los vicios graves de procedimiento, considerados como vicios de orden público, sobre las causas de inadmisibilidad del proceso y sobre las cuestiones de fondo.

Con todo, la principal consecuencia del carácter revisor o de apelación que se otorga al proceso contencioso-administrativo de primera instancia es la equiparación que establece entre sentencia civil de primera instancia y acto administrativo.

3.4.2. Escritos

El recurso contencioso-administrativo común, es decir, el que comienza a instancia de particulares contra la Administración, se iniciará por un escrito de interposición reducido a citar la disposición, acto, inactividad o actuación constitutiva de vía de hecho que se impugne y a solicitar que se tenga por interpuesto el recurso.

Acompañarán al escrito de interposición:

- El documento que acredite la representación del compareciente.

- Los documentos que acrediten la legitimación del actor cuando la ostente por habérsela transmitido otro por herencia o por cualquier otro título.

- La copia o traslado de la disposición o del acto expreso que se recurran. O indicación del expediente en que haya recaído el acto o el periódico oficial en que la disposición se haya publicado.

- El documento que acredite el cumplimiento de los requisitos exigidos para entablar acciones las personas jurídicas con arreglo a las normas o estatutos que les sean de aplicación. No siempre es necesario iniciar el proceso mediante el escrito de interposición. Este trámite no es necesario en el recurso dirigido contra una disposición general, acto, inactividad o vía de hecho en que no existan terceros interesados, que podrá iniciarse también mediante demanda en que se concretará la disposición, acto o conducta impugnados y se razonará su disconformidad a derecho, acompañando los documentos antes dichos.

El plazo para interponer el recurso contencioso-administrativo es de dos meses contados desde el día siguiente al de la publicación de la disposición impugnada o al de la notificación o publicación del acto que ponga fin a la vía administrativa, si fuera expreso. Si el acto no fuera expreso, el plazo es de seis meses, y se contará:

- Para el solicitante y otros posibles interesados, a partir del día siguiente a aquel en que, de acuerdo con su norma específica, se produzca el acto presunto; si media recurso de reposición, desde el día siguiente a aquel en que se notifique la resolución expresa del recurso potestativo de reposición o aquel en que este deba entenderse presuntamente desestimado.

- En el caso de proceso de lesividad, a contar desde el día siguiente a la fecha de la declaración de lesividad.

3.4.3. Organismos que integran la jurisdicción contencioso-administrativa

Los artículos 6 y siguientes de la Ley 29/1998, de 13 de julio, reguladora de la jurisdicción contencioso-administrativa se ocupan de sus órganos y de sus competencias. A continuación, se enumeran los órganos que la integran y alguna de sus competencias.

El orden jurisdiccional contencioso-administrativo se halla integrado por los siguientes órganos:

a) Juzgados de lo Contencioso-administrativo.

b) Juzgados Centrales de lo Contencioso-administrativo.

c) Salas de lo Contencioso-administrativo de los tribunales superiores de justicia.

d) Sala de lo Contencioso-administrativo de la Audiencia Nacional.

e) Sala de lo Contencioso-administrativo del Tribunal Supremo.

Los órganos del orden jurisdiccional contencioso-administrativo que fueren competentes para conocer de un asunto lo serán también para todas sus incidencias y para hacer ejecutar las sentencias que dictaren en los términos señalados en el artículo 103.1.

Los juzgados de lo contencioso-administrativo conocerán, en única o primera instancia, según lo dispuesto en esta ley, de los recursos que se deduzcan frente a los actos de las entidades locales o de las entidades y corporaciones dependientes o vinculadas a las mismas, excluidas las impugnaciones de cualquier clase de instrumentos de planeamiento urbanístico.

Conocerán, asimismo, en única o primera instancia de los recursos que se deduzcan frente a los actos administrativos de la Administración de las comunidades autónomas, salvo cuando procedan del respectivo Consejo de Gobierno, cuando tengan por objeto:

a) Cuestiones de personal, salvo que se refieran al nacimiento o extinción de la relación de servicio de funcionarios públicos de carrera.

b) Las sanciones administrativas que consistan en multas no superiores a 60 000 euros y en ceses de actividades o privación de ejercicio de derechos que no excedan de seis meses.

c) Las reclamaciones por responsabilidad patrimonial cuya cuantía no exceda de 30 050 euros.

Conocerán, en única o primera instancia, de los recursos que se deduzcan frente a disposiciones y actos de la Administración periférica del Estado y de las comunidades autónomas, contra los actos de los organismos, entes, entidades o corporaciones de derecho público, cuya competencia no se extienda a todo el territorio nacional y contra las resoluciones de los órganos superiores cuando confirmen íntegramente los dictados por aquellos en vía de recurso, fiscalización o tutela.

Se exceptúan los actos de cuantía superior a 60 000 euros dictados por la Administración periférica del Estado y los organismos públicos estatales cuya competencia no se extienda a todo el territorio nacional, o cuando se dicten en ejercicio de sus competencias sobre dominio público, obras públicas del Estado, expropiación forzosa y propiedades especiales.

Conocerán, igualmente, de todas las resoluciones que se dicten en materia de extranjería por la Administración periférica del Estado o por los órganos competentes de las comunidades autónomas.

Corresponde conocer a los juzgados de las impugnaciones contra actos de las juntas electorales de zona y de las formuladas en materia de proclamación de candidaturas y candidatos efectuada por cualquiera de las Juntas Electorales, en los términos previstos en la legislación electoral.

Conocerán también los juzgados de lo contencioso-administrativo de las autorizaciones para la entrada en domicilios y restantes lugares cuyo acceso requiera el consentimiento de su titular, siempre que ello proceda para la ejecución forzosa de actos de la Administración pública, salvo que se trate de la ejecución de medidas de protección de menores acordadas por la entidad pública competente en la materia.

Asimismo, corresponderá a los juzgados de lo contencioso-administrativo la autorización o ratificación judicial de las medidas adoptadas con arreglo a la legislación sanitaria que las autoridades sanitarias consideren urgentes y necesarias para la salud pública e impliquen limitación o restricción de derechos fundamentales cuando dichas medidas estén plasmadas en actos administrativos singulares que afecten únicamente a uno o varios particulares concretos e identificados de manera individualizada.

Además, los juzgados de lo contencioso-administrativo conocerán de las autorizaciones para la entrada e inspección de domicilios, locales, terrenos y medios de transporte que haya sido acordada por la Comisión Nacional de la Competencia, cuando, requiriendo dicho acceso e inspección el consentimiento de su titular, este se oponga a ello o exista riesgo de tal oposición.

Los juzgados centrales de lo contencioso-administrativo conocerán de los recursos que se deduzcan frente a los actos administrativos que tengan por objeto:

a) En primera o única instancia en las materias de personal cuando se trate de actos dictados por ministros y secretarios de Estado, salvo que confirmen en vía de recurso, fiscalización o tutela, actos dictados por órganos inferiores, o se refieran al nacimiento o extinción de la relación de servicio de funcionarios de carrera, o a las materias recogidas en el artículo 11.1.a) sobre personal militar.

b) En única o primera instancia, contra los actos de los órganos centrales de la Administración General del Estado en los supuestos previstos en el apartado 2.b) del artículo 8.

c) En primera o única instancia, de los recursos contencioso-administrativos que se interpongan contra las disposiciones generales y contra los actos emanados de los organismos públicos con personalidad jurídica propia y entidades pertenecientes al sector público estatal con competencia en todo el territorio nacional, sin perjuicio de lo dispuesto en el párrafo i) del apartado 1 del artículo 10.

d) En primera o única instancia, de los recursos contra las resoluciones dictadas por los ministros y secretarios de Estado en materia de responsabilidad patrimonial cuando lo reclamado no exceda de 30 050 euros.

e) En primera instancia, de las resoluciones que acuerden la inadmisión de las peticiones de asilo político.

f) En única o primera instancia, de las resoluciones que, en vía de fiscalización, sean dictadas por el Comité Español de Disciplina Deportiva en materia de disciplina deportiva.

Corresponderá a los juzgados centrales de lo contencioso-administrativo la autorización a que se refiere el artículo 8.2 de la Ley 34/2002, así como autorizar la ejecución de los actos adoptados por la Sección Segunda de la Comisión de Propiedad Intelectual para que se interrumpa la prestación de servicios de la sociedad de la información o para que se retiren contenidos que vulneren la propiedad intelectual, en aplicación de la Ley 34/2002, de 11 de julio, de Servicios de la Sociedad de la información y de Comercio Electrónico.

Las salas de lo contencioso-administrativo de los tribunales superiores de justicia conocerán en única instancia de los recursos que se deduzcan en relación con:

a) Los actos de las entidades locales y de las Administraciones de las comunidades autónomas, cuyo conocimiento no esté atribuido a los juzgados de lo contencioso-administrativo.

b) Las disposiciones generales emanadas de las comunidades autónomas y de las entidades locales.

c) Los actos y disposiciones de los órganos de Gobierno de las asambleas legislativas de las comunidades autónomas, y de las instituciones autonómicas análogas al Tribunal de Cuentas y al Defensor del Pueblo, en materia de personal, administración y gestión patrimonial.

d) Los actos y resoluciones dictados por los tribunales económico-administrativos regionales y locales que pongan fin a la vía económico-administrativa.

e) Las resoluciones dictadas por el Tribunal Económico-Administrativo Central en materia de tributos cedidos.

f) Los actos y disposiciones de las juntas electorales provinciales y de comunidades autónomas, así como los recursos contencioso-electorales contra acuerdos de las juntas electorales sobre proclamación de electos y elección y proclamación de presidentes de corporaciones locales, en los términos de la legislación electoral.

g) Los convenios entre Administraciones públicas cuyas competencias se ejerzan en el ámbito territorial de la correspondiente comunidad autónoma.

h) La prohibición o la propuesta de modificación de reuniones previstas en la Ley Orgánica 9/1983, de 15 de julio, Reguladora del Derecho de Reunión.

i) Los actos y resoluciones dictados por órganos de la Administración General del Estado cuya competencia se extienda a todo el territorio nacional y cuyo nivel orgánico sea inferior al de ministro o secretario de Estado en materias de personal, propiedades especiales y expropiación forzosa.

j) Los actos y resoluciones de los órganos de las comunidades autónomas competentes para la aplicación de la Ley de Defensa de la Competencia.

k) Las resoluciones dictadas por el órgano competente para la resolución de recursos en materia de contratación conforme a la legislación en la materia.

l) Las resoluciones dictadas por los Tribunales Administrativos Territoriales de Recursos Contractuales.

m) Los actos y disposiciones dictados por las autoridades independientes autonómicas u órganos competentes de las comunidades autónomas referidos en la ley reguladora de la protección de las personas que informen sobre infracciones normativas y de lucha contra la corrupción.

n) Cualesquiera otras actuaciones administrativas no atribuidas expresamente a la competencia de otros órganos de este orden jurisdiccional.

Conocerán, en segunda instancia, de las apelaciones promovidas contra sentencias y autos dictados por los juzgados de lo contencioso-administrativo, y de los correspondientes recursos de queja.

Sin perjuicio de otros asuntos de los que también son competentes.

La **Sala de lo Contencioso-administrativo de la Audiencia Nacional** conocerá en única instancia:

a) De los recursos que se deduzcan en relación con las disposiciones generales y los actos de los ministros, aun cuando se adopten previo informe o acuerdo del Consejo de Ministros o de las Comisiones Delegadas del Gobierno, y de los secretarios de Estado, en general y en materia de personal cuando se refieran al nacimiento o extinción de la relación de servicio de funcionarios de carrera. Asimismo, conocerá de los recursos contra los actos de cualesquiera órganos centrales del Ministerio de Defensa referidos a ascensos, orden y antigüedad en el escalafón y destinos.

b) De los recursos contra los actos de los ministros y secretarios de Estado cuando rectifiquen en vía de recurso o en procedimiento de fiscalización o de tutela los dictados por órganos o entes distintos con competencia en todo el territorio nacional.

c) De los recursos en relación con los convenios entre Administraciones públicas no atribuidos a los tribunales superiores de justicia.

d) De los actos de naturaleza económico-administrativa dictados por el ministro de Economía y Hacienda y por el Tribunal Económico-Administrativo Central, con excepción de lo dispuesto en el artículo 10.1.e).

e) De los recursos contra los actos dictados por la Comisión de Vigilancia de Actividades de Financiación del Terrorismo, y de la autorización de prórroga de los plazos de las medidas de dicha comisión, conforme a lo previsto en la Ley de Prevención y Bloqueo de la Financiación del Terrorismo.

f) Las resoluciones dictadas por el Tribunal Administrativo Central de Recursos Contractuales, con excepción de lo dispuesto en el artículo 10.1.k).

g) De los recursos contra los actos del Banco de España, de la Comisión Nacional del Mercado de Valores y del FROB adoptados conforme a lo previsto en la Ley 11/2015, de 18 de junio, de recuperación y resolución de entidades de crédito y empresas de servicios de inversión.

h) De los recursos interpuestos por la Comisión Nacional de los Mercados y de la Competencia en defensa de la unidad de mercado.

Conocerá, en segunda instancia, de las apelaciones contra autos y sentencias dictados por los juzgados centrales de lo contencioso-administrativo y de los correspondientes recursos de queja.

Sin perjuicio de otros asuntos de los que también son competentes.

La **Sala de lo Contencioso-administrativo del Tribunal Supremo** conocerá en única instancia de los recursos que se deduzcan en relación con:

a) Los actos y disposiciones del Consejo de Ministros y de las Comisiones Delegadas del Gobierno.

b) Los actos y disposiciones del Consejo General del Poder Judicial y del fiscal general del Estado.

c) Los actos y disposiciones en materia de personal, administración y gestión patrimonial adoptados por los órganos competentes del Congreso de los Diputados, del Senado, del Tribunal Constitucional, del Tribunal de Cuentas y del Defensor del Pueblo.

Conocerá también de:

a) Los recursos de casación de cualquier modalidad, en los términos establecidos por esta ley, y los correspondientes recursos de queja.

b) Los recursos de casación y revisión contra las resoluciones dictadas por el Tribunal de Cuentas, con arreglo a lo establecido en su Ley de Funcionamiento.

c) Los recursos de revisión contra sentencias firmes dictadas por las salas de lo contencioso-administrativo de los tribunales superiores de justicia, de la Audiencia Nacional y del Tribunal Supremo, salvo lo dispuesto en el artículo 61.1.1º de la Ley Orgánica del Poder Judicial.

Asimismo conocerá de:

a) Los recursos que se deduzcan en relación con los actos y disposiciones de la Junta Electoral Central, así como los recursos contencioso-electorales que se deduzcan contra los acuerdos sobre proclamación de electos en los términos previstos en la legislación electoral.

b) Los recursos deducidos contra actos de las juntas electorales adoptados en el procedimiento para elección de miembros de las Salas de Gobierno de los Tribunales, en los términos de la Ley Orgánica del Poder Judicial.

También conocerá de la solicitud de autorización al amparo del artículo 122 ter de la LJCA, cuando sea formulada por el Consejo General del Poder Judicial.

3.5. Documentos de las fases del procedimiento administrativo y recursos

3.5.1. Tipos

Documentos en las fases de los procedimientos administrativos

En términos generales, se considera procedimiento administrativo al conjunto de actos o trámites a través de los cuales se produce la voluntad administrativa para el cumplimiento de un fin de interés público. Constituye también una garantía para la persona administrada, ya que comporta que la actuación administrativa se realice a través de unos actos formales predeterminados legalmente.

No se ha de confundir con expediente administrativo, que representa su materialización y que consiste solamente en el conjunto ordenado de documentos y actuaciones que sirven de antecedentes y fundamentan la resolución administrativa, así como las diligencias dirigidas a su ejecución.

Los expedientes se formarán mediante la agregación sucesiva de todos aquellos documentos, pruebas, dictámenes, decretos, acuerdos, notificaciones y el resto de diligencias que forman parte del mismo, estando firmadas y numeradas todas sus hojas útiles.

3.5.2. Características

Es el conjunto de actividades que facilitan el adecuado funcionamiento de la serie de actos que se llevan a cabo dentro del procedimiento administrativo. Se pueden establecer las siguientes características y tipología.

Los actos de intimación son los que tienen por objeto la imposición de una conducta y siempre van unidos al acto de comunicación.

Hay de dos tipos:

- Citaciones y emplazamientos. Imponen la comparecencia en un momento determinado o en un plazo, respectivamente.

- Requerimientos, imponen cualquier conducta diferente a la comparecencia.

A su vez, toda actividad que tiende a dejar constancia de los actos que se llevan a cabo a lo largo del procedimiento, para poder conocerlo en cualquier momento posterior.

- De los actos manifestados en forma verbal. La practicará y firmará el titular del órgano inferior que reciba oralmente la comunicación (art. 36. LPAC).

- De los actos realizados por escrito. El jefe o la jefa del órgano administrativo ante el cual se tramita el procedimiento ordenará la incorporación al expediente de los escritos y documentos recibidos por orden cronológico de entrada en el registro.

3.5.3. Requisitos legales

Dentro de las fases del procedimiento administrativo, encontramos distintos documentos, con las siguientes características:

Iniciación

Si se inicia de oficio, propia iniciativa, orden superior, petición razonada de otro órgano o denuncia, exige el documento correspondiente en cada caso.

Si se inicia a instancia de parte (art. 66. LPAC), el contenido de la solicitud es el siguiente:

- Órgano, centro o unidad administrativa a la que se dirige.
- Nombre, apellidos y domicilio de la persona interesada y, en su caso, además, de la persona que le represente, así como la identificación del medio preferente o del lugar que se señale a efectos de notificaciones.
- Hechos, razones y petición en que se concrete con toda claridad la solicitud.
- Lugar y fecha en que se formula la instancia.
- Firma de la persona solicitante o acreditación de la autenticidad de su voluntad expedida por cualquier otro medio.
- Para que la instancia produzca todos los efectos es necesario que llegue al órgano, centro o unidad administrativa a la que se dirige, con su correspondiente código de identificación.
- Ordenación.

3.5.4. Formato

Instrucción

En esta fase podemos destacar:

- Alegaciones. Son las aportaciones (incluidos documentos y otros elementos de juicio) que pueden hacer las personas interesadas, en cualquier momento del procedimiento y, siempre, antes del trámite de audiencia.
- Prueba. Es el acto o la serie de actos encaminados a demostrar la exactitud o la inexactitud de los hechos que han de servir de fundamento a la decisión del procedimiento.
- Informes. Son elementos que emiten las autoridades, funcionarios u organismos distintos de aquellos a quienes corresponde dictar la resolución, respecto de las pretensiones, los hechos o los derechos que sean objeto

del expediente y sirvan para proporcionar los elementos de juicio necesarios para la adecuada resolución.

Terminación

De todas las formas de terminación de un procedimiento, la constancia documental más relevante es la siguiente:

- La resolución expresa es un acto administrativo definitivo que decide todas las cuestiones planteadas por las personas interesadas en el procedimiento, así como todas las que se deriven.

- Terminación derivada según acuerdo, convenio, pacto o contrato entre la Administración pública y personas tanto de derecho público como privado.

3.5.5. Búsqueda de modelos

En estas direcciones web se pueden encontrar diferentes tipos de modelos de documentos administrativos y de recursos, los requisitos que deben cumplir, su formato y su cumplimentación:

https://www.mjusticia.gob.es/es/ciudadania/tramites/relacion-descarga-modelos

https://www.interior.gob.es/opencms/es/servicios-al-ciudadano/tramites-y-gestiones/modelos-de-solicitud/instancia-general/

https://sede.dphuesca.es

3.5.6. Cumplimentación

La formulación de un recurso debe presentarse mediante escrito que deberá expresar:

- El nombre y apellidos del recurrente, así como la identificación personal del mismo.

- El acto que se recurre y la razón de su impugnación.

- Lugar, fecha, firma del recurrente, identificación del medio y, en su caso, del lugar que se señale a efectos de notificaciones. (Conviene manifestar el DNI).

- Órgano, centro o unidad administrativa al que se dirige.

- Las demás particularidades exigidas, en su caso, por las disposiciones específicas.

Recurso de alzada. El plazo para la interposición del recurso de alzada será de un mes, si el acto fuera expreso. Si no lo fuera, el plazo será de tres meses y se contará, para el solicitante y otros posibles interesados, a partir del día siguiente a aquel en que, de acuerdo con su normativa específica, se produzca el acto presunto. Transcurridos dichos plazos sin haberse interpuesto el recurso, la resolución será firme a todos los efectos, sin perjuicio, en su caso, de la procedencia del recurso extraordinario de revisión. El recurso de alzada se dirige al órgano superior jerárquico al que dictó el acto que se desea impugnar. A estos efectos, los tribunales y órganos de selección del personal al servicio de las Administraciones públicas se considerarán dependientes de la autoridad que haya nombrado al presidente de los mismos.

Recurso potestativo de reposición. El plazo será de un mes, si el acto fuera expreso. Si no lo fuera, el plazo será de tres meses y se contará, para el solicitante y otros posibles interesados, a partir del día siguiente a aquel en que, de acuerdo con su normativa específica, se produzca el acto presunto. Transcurrido dicho plazo únicamente podrá interponerse recurso contencioso-administrativo, sin perjuicio, en su caso, de la procedencia del recurso extraordinario de revisión. El recurso potestativo de reposición se dirige ante el órgano que dictó el acto recurrido.

Recurso extraordinario de revisión. Se interpondrá cuando se trate de la causa primera (actos dictados incurriendo en errores de hecho), dentro del plazo de cuatro años siguientes a la fecha de la notificación de la resolución impugnada. En los demás casos, el plazo será de tres meses a contar desde el conocimiento de los documentos o desde que la sentencia judicial quedó firme. El recurso extraordinario de revisión podrá interponerse ante el órgano administrativo que los dictó.

Los recursos, las solicitudes, escritos y comunicaciones que los ciudadanos dirijan a los órganos de las Administraciones públicas podrán presentarse:

- En los registros de los órganos administrativos a que se dirijan.

- En los registros de cualquier órgano administrativo, que pertenezca a la Administración General del Estado, a la de cualquier Administración de las comunidades autónomas, o a la de alguna de las entidades que integran la Administración local si, en este último caso, se hubiese suscrito el oportuno convenio.

- En las oficinas de Correos, en la forma que reglamentariamente se establezca.

- En las representaciones diplomáticas u oficinas consulares de España en el extranjero.

- En cualquier otro órgano que establezcan las disposiciones vigentes.

- Posibilidad de presentación mediante comunicación telemática. La posibilidad de presentar recursos mediante comunicación telemática está limitada a los sistemas de información que integren procesos de transmisión y recepción y que se hayan constituido formalmente en los registros auxiliares de los Registros Generales de la Administración.

Por otra parte, la utilización de los diferentes soportes existentes queda al arbitrio del ciudadano con una única restricción: que tales soportes y los medios empleados sean compatibles con los que la Administración tenga a su disposición. Por tanto, los documentos pueden usar cualquier soporte (papel, informático, visual, sonoro...) siempre que la Administración disponga de medios técnicos que permitan su comprensión.

Mediante convenios de colaboración suscritos entre las Administraciones públicas se establecerán sistemas de intercomunicación y coordinación de registros que garanticen su compatibilidad informática, así como la transmisión telemática de los asientos registrales y de las solicitudes, escritos, comunicaciones y documentos que se presenten en cualquiera de los registros (artículo 16 de la Ley 39/2015 LPAC).

La resolución del recurso estimará en todo o en parte o desestimará las pretensiones formuladas en el mismo o declarará su inadmisión.

Los **plazos** para dictar la resolución varían en cada recurso:

- Recurso de alzada: transcurridos tres meses desde la interposición del recurso sin que recaiga resolución, se podrá entender desestimado. Ello no obstante, cuando el recurso se haya interpuesto contra la desestimación presunta de una solicitud por el transcurso del plazo, se entenderá estimado el recurso si, llegado el plazo de resolución de este, el órgano administrativo competente no dictase resolución expresa sobre el mismo. Entendida la desestimación, quedará expedita la vía procedente.

- Recurso de reposición: el plazo para resolver y notificar es de un mes.

- Recurso extraordinario de revisión: transcurrido el plazo de tres meses desde la interposición sin que recaiga resolución, se entenderá desestimado, quedando expedita la vía jurisdiccional contencioso-administrativa.

3.6. Firma electrónica

3.6.1. Proceso de obtención

En el portal de Administración electrónica se puede obtener toda la información relativa a la firma electrónica.

http://administracionelectronica.gob.es/

En las direcciones siguientes se puede obtener información relativa a la obtención, normativa y características de la firma electrónica.

http://firmaelectronica.gob.es/

En la dirección https://sede.060.gob.es/politica_firma.html encontrarás el punto de acceso general y el texto completo de la Política de Firma de la AGE, versión 1.9, y los Perfiles de certificados versión 1.XXX .

Antes de pasar a la firma electrónica conviene hacer una breve referencia a la política de firma electrónica. La política de firma electrónica y certificados en el ámbito de la Administración General del Estado y de sus organismos públicos, según se establecía en los preceptos ya derogados del artículo 24 del Real Decreto 1671/2009, por el que se desarrolla parcialmente la Ley 11/2007, está constituida por las directrices y normas técnicas aplicables a la utilización de certificados y firma electrónica dentro de su ámbito de aplicación. El artículo 18 del Real Decreto 4/2010, por el que se regula el Esquema Nacional de Interoperabilidad, establece que la política de firma electrónica y de certificados de la Administración General del Estado servirá de marco general de interoperabilidad para la autenticación y el reconocimiento mutuo de firmas electrónicas dentro de su ámbito de actuación. También establece que dicha política podrá ser utilizada como referencia por otras Administraciones públicas para definir las políticas de certificados y firmas a reconocer dentro de sus ámbitos competenciales.

En términos generales, una política de firma electrónica contiene una serie de normas relativas a la firma electrónica, organizadas alrededor de los conceptos de generación y validación de firma, en un contexto particular (contractual, jurídico, legal), definiendo las reglas y obligaciones de todos los actores involucrados en dicho proceso. El objetivo de este proceso es determinar la validez de la firma electrónica para una transacción en particular, especificando la información que debiera incluir el firmante en el proceso de generación de la firma, y la información que debiera comprobar el verificador en el proceso de validación de la misma.

La política de firma la Administración General del Estado representa el conjunto de criterios comunes asumidos por esta Administración y sus organismos públicos vinculados o dependientes en relación con la firma electrónica.

Incluye las normas relativas a la firma electrónica, organizadas alrededor de los conceptos de generación y validación de firma.

3.6.2. Características

La firma electrónica es un conjunto de datos electrónicos que acompañan o que están asociados a un documento electrónico y cuyas características básicas son:

- Identificar al firmante de manera inequívoca.

- Asegurar que el documento firmado es exactamente el mismo que el original y que no ha sufrido alteración o manipulación.

- Asegurar la integridad del documento firmado.

- Los datos que utiliza el firmante para realizar la firma son únicos y exclusivos y, por tanto, posteriormente, no puede decir que no ha firmado el documento.

El certificado electrónico es la base de la firma electrónica. Para firmar un documento es necesario disponer de un certificado digital o de un DNI electrónico.

El certificado electrónico o el DNI electrónico contienen unas claves criptográficas que son los elementos necesarios para firmar. Los certificados electrónicos tienen el objetivo de identificar inequívocamente a su poseedor y son emitidos por proveedores de servicios de certificación.

El proceso básico de firma electrónica

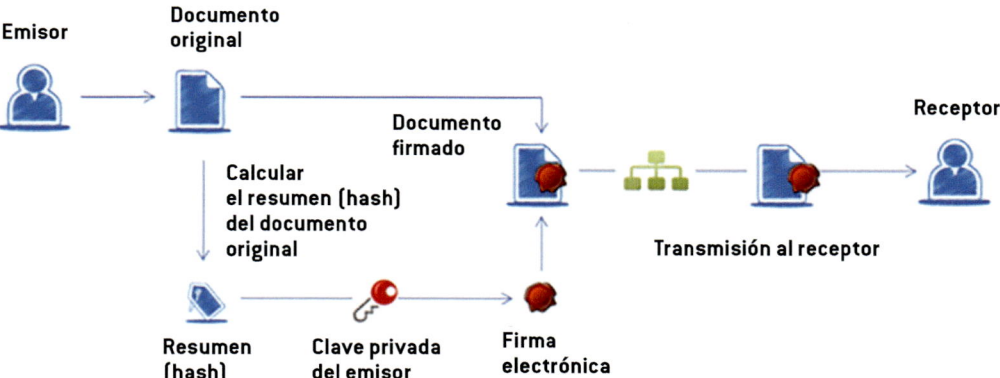

Fuente: https://firmaelectronica.gob.es/Home/Ciudadanos/Firma-Electronica.html

El proceso básico que se sigue para la firma electrónica es el siguiente:

- El usuario dispone de un documento electrónico (una hoja de cálculo, un PDF, una imagen, incluso un formulario en una página web) y de un certificado que le pertenece y le identifica.

- La aplicación o dispositivo digital utilizados para la firma realiza un resumen del documento. El resumen de un documento de gran tamaño puede llegar a ser tan solo de unas líneas. Este resumen es único y cualquier modificación del documento implica también una modificación del resumen.

- La aplicación utiliza la clave contenida en el certificado para codificar el resumen.

- La aplicación crea otro documento electrónico que contiene ese resumen codificado. Este nuevo documento es la firma electrónica.

- El resultado de todo este proceso es un documento electrónico obtenido a partir del documento original y de las claves del firmante. La firma electrónica, por tanto, es el mismo documento electrónico resultante.

3.6.3. Normativa

La Ley 39/2015, de 1 de octubre, del Procedimiento Administrativo Común de las Administraciones Públicas establece como una importante novedad la separación entre identificación y firma electrónica y la simplificación de los medios para acreditar una u otra, de modo que, con carácter general, solo será necesaria la primera, y se exigirá la segunda cuando deba acreditarse la voluntad y consentimiento del interesado. Se establece, con carácter básico, un conjunto mínimo de categorías de medios de identificación y firma que deben utilizar todas las Administraciones. En particular, se admitirán como sistemas de firma: los sistemas de firma electrónica reconocida o cualificada y avanzada basados en certificados electrónicos cualificados de firma electrónica, que comprenden tanto los certificados electrónicos de persona jurídica como los de entidad sin personalidad jurídica; los sistemas de sello electrónico reconocido o cualificado y de sello electrónico avanzado basados en certificados cualificados de sello electrónico; así como cualquier otro sistema que las Administraciones públicas consideren válido, en los términos y condiciones que se establezcan. Se admitirán como sistemas de identificación cualquiera de los sistemas de firma admitidos, así como sistemas de clave concertada y cualquier otro que establezcan las Administraciones públicas.

Tanto los sistemas de identificación como los de firma previstos en esta ley son plenamente coherentes con lo dispuesto en el Reglamento (UE) n.º 910/2014 del Parlamento Europeo y del Consejo, de 23 de julio de 2014, relativo a la identificación electrónica y los servicios de confianza para las transacciones electrónicas en el mercado interior y por la que se deroga la Directiva 1999/93/CE. Debe recordarse la obligación de los Estados miembros de admitir los sistemas de identificación electrónica notificados a la Comisión Europea por el resto de Estados miembros, así como los sistemas de firma y sello electrónicos basados en certificados electrónicos cualificados emitidos por prestadores de servicios que figuren en las listas de confianza de otros Estados miembros de la Unión Europea, en los términos que prevea dicha norma comunitaria.

Podemos entender la firma electrónica como el conjunto de datos en forma electrónica, consignados junto a otros o asociados con ellos, que pueden ser utilizados como medio de identificación del firmante.

La firma electrónica avanzada es la firma electrónica que permite identificar al firmante y detectar cualquier cambio ulterior de los datos firmados, que está vinculada al firmante de manera única y a los datos a que se refiere y que ha sido creada por medios que el firmante puede mantener bajo su exclusivo control.

Se considera firma electrónica reconocida la firma electrónica avanzada basada en un certificado reconocido y generada mediante un dispositivo seguro de creación de firma.

La firma electrónica reconocida tendrá respecto de los datos consignados en forma electrónica el mismo valor que la firma manuscrita en relación con los consignados en papel.

Se considera documento electrónico el redactado en soporte electrónico que incorpore datos que estén firmados electrónicamente,

por tanto, va a posibilitar que el emisor y receptor de una información o contenido se identifiquen mutuamente con la seguridad de que son los únicos que están interactuando. De esta forma, se garantiza que los contenidos no se alteran, no son interceptados en la comunicación y que ambos no puedan repudiar una información previamente recibida y aceptada.

La Ley 39/2015, de 1 de octubre, del Procedimiento Administrativo Común de las Administraciones Públicas introduce importantes novedades a este respecto en sus artículos 9 y 10.

Artículo 9. Sistemas de identificación de los interesados en el procedimiento

1. Las Administraciones públicas están obligadas a verificar la identidad de los interesados en el procedimiento administrativo, mediante la comprobación de su nombre y apellidos o denominación o razón social, según corresponda, que consten en el documento nacional de identidad o documento identificativo equivalente.

2. Los interesados podrán identificarse electrónicamente ante las Administraciones públicas a través de cualquier sistema que cuente con un registro previo como usuario que permita garantizar su identidad. En particular, serán admitidos, los sistemas siguientes:

    a) Sistemas basados en certificados electrónicos reconocidos o cualificados de firma electrónica expedidos por prestadores incluidos en la «Lista de confianza de prestadores de servicios de certificación». A estos efectos, se entienden comprendidos entre los citados certificados electrónicos reconocidos o cualificados los de persona jurídica y de entidad sin personalidad jurídica.

    b) Sistemas basados en certificados electrónicos reconocidos o cualificados de sello electrónico expedidos por prestadores incluidos en la «Lista de confianza de prestadores de servicios de certificación».

    c) Sistemas de clave concertada y cualquier otro sistema que las Administraciones públicas consideren válido, en los términos y condiciones que se establezcan.

    Cada Administración pública podrá determinar si solo admite alguno de estos sistemas para realizar determinados trámites o procedimientos, si bien la admisión de alguno de los sistemas de identificación previstos en la letra c) conllevará la admisión de todos los previstos en las letras a) y b) anteriores para ese trámite o procedimiento.

3. En todo caso, la aceptación de alguno de estos sistemas por la Administración General del Estado servirá para acreditar frente a todas las Administraciones públicas, salvo prueba en contrario, la identificación electrónica de los interesados en el procedimiento administrativo.

Artículo 10 Sistemas de firma admitidos por las Administraciones públicas

1. Los interesados podrán firmar a través de cualquier medio que permita acreditar la autenticidad de la expresión de su voluntad y consentimiento, así como la integridad e inalterabilidad del documento.

2. En el caso de que los interesados optaran por relacionarse con las Administraciones públicas a través de medios electrónicos, se considerarán válidos a efectos de firma:

a) Sistemas de firma electrónica reconocida o cualificada y avanzada basados en certificados electrónicos reconocidos o cualificados de firma electrónica expedidos por prestadores incluidos en la «Lista de confianza de prestadores de servicios de certificación». A estos efectos, se entienden comprendidos entre los citados certificados electrónicos reconocidos o cualificados los de persona jurídica y de entidad sin personalidad jurídica.

b) Sistemas de sello electrónico reconocido o cualificado y de sello electrónico avanzado basados en certificados electrónicos reconocidos o cualificados de sello electrónico incluidos en la «Lista de confianza de prestadores de servicios de certificación».

c) Cualquier otro sistema que las Administraciones públicas consideren válido, en los términos y condiciones que se establezcan.

Cada Administración pública, organismo o entidad podrá determinar si solo admite algunos de estos sistemas para realizar determinados trámites o procedimientos de su ámbito de competencia.

Preguntas

1.- En relación con la firma de los interesados, ¿cuál de las siguientes afirmaciones es correcta?

A.- Los interesados podrán firmar a través de cualquier medio que permita acreditar la autenticidad de la expresión de su voluntad y consentimiento, así como la integridad e inalterabilidad del documento.

B.- Los ciudadanos, al margen de su nacionalidad, podrán firmar a través de cualquier medio que permita acreditar la autenticidad de la expresión de su criterio y consentimiento, así como la integridad e inalterabilidad del DNI.

C.- Los interesados podrán firmar a través de cualquier medio físico que permita acreditar la autenticidad de los documentos firmados, al margen de su identidad manifiesta.

2.- En cuanto a la notificación de los actos administrativos:

El órgano que dicte las resoluciones y actos administrativos los notificará a los interesados cuyos derechos e intereses sean afectados por aquellos, en los términos previstos en los artículos siguientes.

Toda notificación deberá ser cursada dentro del plazo de diez días a partir de la fecha en que el acto haya sido dictado, y deberá contener el texto íntegro de la resolución, con indicación de si pone fin o no a la vía administrativa, la expresión de los recursos que procedan, en su caso, en vía administrativa y judicial, el órgano ante el que hubieran de presentarse y el plazo para interponerlos, sin perjuicio de que los interesados puedan ejercitar, en su caso, cualquier otro que estimen procedente.

Las notificaciones que, conteniendo el texto íntegro del acto, omitiesen alguno de los demás requisitos previstos en el apartado anterior, surtirán efecto a partir de la fecha en que el interesado realice actuaciones que supongan el conocimiento del contenido y alcance de la resolución o acto objeto de la notificación, o interponga cualquier recurso que proceda.

¿Son ciertas las anteriores afirmaciones?

3.- Con respecto a las notificaciones, ¿cuál de estas afirmaciones es correcta?

A.- Todas las notificaciones que se practiquen en soporte electrónico deberán ser puestas a disposición del interesado en la sede electrónica de la Administración u organismo actuante para que pueda acceder a su contenido de forma voluntaria.

B.- Todas las notificaciones que se practiquen en papel deberán ser puestas a disposición del interesado en la sede electrónica de la Administración u organismo actuante para que pueda acceder a su contenido de forma voluntaria.

C.- Todas las notificaciones que se practiquen en papel deberán ser puestas a disposición del Ministerio Fiscal en la sede física de la Administración u organismo actuante para que pueda acceder a su contenido de forma obligatoria.

4.- Con respecto a la publicación notificaciones, ¿cuál de estas afirmaciones es correcta?

A.- Los actos administrativos serán objeto de notificación cuando así lo establezcan las normas reguladoras de cada procedimiento judicial o cuando lo aconsejen razones de interés público apreciadas por el órgano competente o por el Ministerio Fiscal.

B.- Los reglamentos serán objeto de publicación cuando así lo establezcan las normas reguladoras de rango superior o cuando lo aconsejen razones de interés público apreciadas por el órgano competente.

C.- Los actos administrativos serán objeto de publicación cuando así lo establezcan las normas reguladoras de cada procedimiento o cuando lo aconsejen razones de interés público apreciadas por el órgano competente.

5.- Respecto al silencio administrativo, ¿cuál de estas afirmaciones es correcta?

A.- La estimación por silencio administrativo tiene a todos los efectos la consideración de acto administrativo finalizador del procedimiento. La desestimación por silencio administrativo tiene únicamente los efectos de permitir a los interesados la interposición del recurso administrativo o contencioso-administrativo que resulte procedente.

B.- La estimación por silencio administrativo tiene algunos de los efectos del acto administrativo finalizador del procedimiento. La desestimación por silencio administrativo tiene únicamente los efectos de permitir a los interesados la interposición del recurso contencioso-administrativo exclusivamente, agotándose, por tanto, la vía administrativa.

C.- La desestimación por silencio administrativo tiene a todos los efectos la consideración de acto administrativo finalizador del procedimiento. La estimación por silencio administrativo tiene únicamente los efectos de permitir a los interesados la interposición del recurso administrativo o contencioso-administrativo que resulte procedente.

6.- En relación con los derechos de las personas en sus relaciones con las Administraciones públicas, ¿cuál de estas afirmaciones es correcta?

A.- Quienes, de conformidad con el artículo 6, tienen capacidad de obrar ante las Administraciones públicas son titulares, en sus relaciones con ellas, de los siguientes derechos:

a) A notificarse con las Administraciones públicas a través de un Punto de Salida General.

b) A ser orientado en el uso de medios electrónicos en sus relaciones con las Administraciones públicas.

B.- Quienes, de conformidad con el artículo 3, tienen capacidad de actuar ante los poderes públicos, son titulares, en sus relaciones con ellas, de los siguientes derechos:

a) A comunicarse con los organismos autónomos exclusivamente a través de un Punto de Acceso General Electrónico de la Administración.

b) A ser asistidos en el uso de medios telemáticos en sus relaciones con la AGE.

C.- Quienes, de conformidad con el artículo 5, tienen capacidad de curatela ante las Administraciones públicas institucionales, son titulares, en sus relaciones con ellas, de los siguientes derechos:

a) A comunicarse con las comunidades autónomas a través de un punto elegido por el interesado.

b) A ser asistidos por control remoto en el uso de medios electrónicos en sus relaciones con las Administraciones públicas.

7.- La ejecución forzosa por las Administraciones públicas se efectuará, respetando siempre el principio de proporcionalidad, por los siguientes medios:

A.-

    a) Apremio sobre el juego.

    b) Ejecución obligatoria impuesta.

    c) Multa voluntaria.

    d) Compulsión sobre uno mismo.

B.-

    a) Apremio sobre el patrimonio.

    b) Ejecución subsidiaria.

    c) Multa coercitiva.

    d) Compulsión sobre las personas.

C.-

    a) Apremio sobre el patrimonio.

    b) Ejecución subsidiaria.

    c) Multa de tráfico.

    d) Subsanación sobre las personas.

8.- Los plazos para dictar la resolución varían en cada recurso:

A) Recurso de alzada: transcurridos tres meses desde la interposición del recurso sin que recaiga resolución, se podrá entender desestimado. No obstante, cuando el recurso se haya interpuesto contra la desestimación presunta de una solicitud por el transcurso del plazo, se entenderá estimado el recurso si, llegado el plazo de resolución de este, el órgano administrativo competente no dictase resolución expresa sobre el mismo. Entendida la desestimación, quedará expedita la vía procedente.

B) Recurso de reposición: el plazo para resolver y notificar es de un mes.

C) Recurso extraordinario de revisión: transcurrido el plazo de tres meses desde la interposición sin que recaiga resolución, se entenderá desestimado, quedando expedita la vía jurisdiccional contencioso-administrativa.

¿Son correctos los plazos enumerados?

9.- **La Sala de lo Contencioso-administrativo del Tribunal Supremo conocerá en única instancia de los recursos que se deduzcan en relación con:**

a) Los actos y disposiciones del Consejo de Ministros y de las Comisiones Delegadas del Gobierno.

b) Los actos y disposiciones del Consejo General del Poder Judicial.

c) Los actos y disposiciones en materia de personal, administración y gestión patrimonial adoptados por los órganos competentes del Congreso de los Diputados, del Senado, del Tribunal Constitucional, del Tribunal de Cuentas y del Defensor del Pueblo.

¿Son todas las opciones propuestas conforme a derecho?